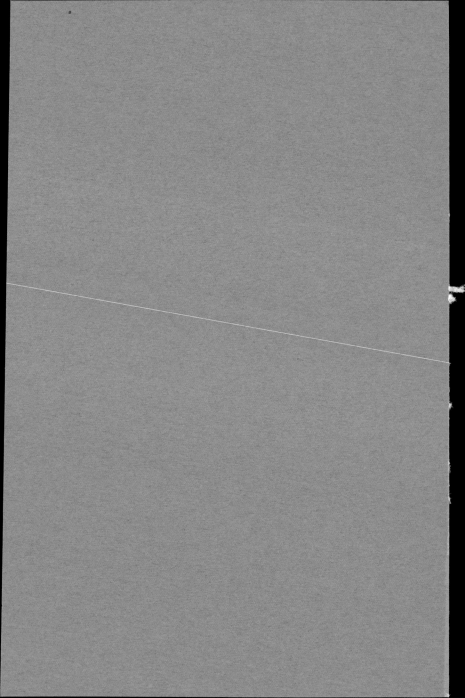

PSYCHOLOGY
WHY IT MATTERS

Richard Wiseman

人文社会科学为什么重要

心理学
为什么重要

〔英〕理查德·怀斯曼 著　　　　傅存良 译

著作权合同登记号 图字：01-2022-6529
图书在版编目（CIP）数据

心理学为什么重要 /（英）理查德·怀斯曼著；傅存良译. —北京：北京大学出版社，2023.8
（人文社会科学为什么重要）
ISBN 978-7-301-34276-3

Ⅰ.①心… Ⅱ.①理…②傅… Ⅲ.①心理学 Ⅳ.①B84

中国国家版本馆 CIP 数据核字（2023）第 141780 号

Psychology: Why It Matters
Copyright © Richard Wiseman 2022
All rights reserved.
本简体中文版翻译由 Polity Press Ltd., Cambridge 授权。

书　　　名	心理学为什么重要 XINLIXUE WEI SHENME ZHONGYAO
著作责任者	〔英〕理查德·怀斯曼 著　傅存良 译
责任编辑	刘　军
标准书号	ISBN 978-7-301-34276-3
出版发行	北京大学出版社
地　　　址	北京市海淀区成府路 205 号　100871
网　　　址	http://www.pup.cn　新浪微博：@北京大学出版社
微信公众号	通识书苑（微信号：sartspku） 科学元典（微信号：kexueyuandian）
电子邮箱	编辑部 jyzx@pup.cn　总编室 zpup@pup.cn
电　　　话	邮购部 010-62752015　发行部 010-62750672 编辑部 010-62753056
印　刷　者	北京中科印刷有限公司
经　销　者	新华书店
	890 毫米×1240 毫米　32 开本　5.875 印张　80 千字
	2023 年 8 月第 1 版　2023 年 8 月第 1 次印刷
定　　　价	45.00 元（精装）

未经许可，不得以任何方式复制或抄袭本书之部分或全部内容。
版权所有，侵权必究
举报电话：010-62752024　电子邮箱：fd@pup.cn
图书如有印装质量问题，请与出版部联系，电话：010-62756370

目 录 CONTENTS

序 言 / 001

引 言 / 009

第一章 你的大脑究竟如何运作？

对观察的审视 / 004

信念、主张与决策 / 010

出手相救还是袖手旁观，这是个问题 / 019

心理学为什么重要：你的大脑究竟如何运作？/ 023

第二章 独家装备

启动 / 028

前往商业街 / 032

暗中行事 / 035

回到家里 / 040

别那么急 / 042

心理学为什么重要：独家装备 / 046

第三章
破除神话

我会对你撒谎吗？ / 054

上天注定 / 060

记忆神话 / 066

完美的你 / 072

心理学为什么重要：破除神话 / 075

第四章
充实并解决争论

进入阴阳界 / 080

你认为自己是谁？ / 085

也许是场梦 / 089

电击科学 / 094

左右难决 / 099

心态的力量 / 103

心理学为什么重要：充实并解决争论 / 109

	探究心理健康问题 / 114
	齐心协力 / 120
	对付偏见 / 125
第五章 创造更美好的世界	找回自我 / 131
	积极心理学 / 135
	可持续性 / 140
	心理学为什么重要：创造更美好的世界 / 145

结　语	/ 147
延伸阅读	/ 156

序 言

质疑"心理学为什么重要?"

很多想接近心理学的爱好者或者心理学的研究者并没有认真去想过这个问题——心理学为什么重要?起初,很多人对心理学的神秘性感兴趣,却不是因其重要性;为了心理学能解决自身的问题而去学习,却不是因其重要性;为心理学的测评方法(例如最近火爆的MBTI)所吸引,却不是因其重要性;出于对某些心理学问题的好奇心,却不是因其重要性。

为什么人们忽视了最重要的问题——心理学为什么重要?因为心理学在中国的发展有着曲折的经历,曾经被视为唯心主义、伪科学，民众对科学心理学的认知不足，轻信伪心理学的言论，甚至认为它与算命相似，属于非科学领域，故而质疑心理学的重要性。《心理学为什么重要》这本书则以通俗流畅的语言告诉大众：心理学很重要，无须质疑。

什么样的人在研究心理学？

要让大众相信心理学的重要性，就要了解什么样的人在研究心理学。让我们来看看世界著名心理学大师的队伍构成，他们是哲学家、医生、教育家、生理学家、统计学家、社会学家、人类学家……心理学家为何不像物理学家那样，多是清一色的同一学科背景，而是不同学科背景的人汇聚到心理学领域中？因为心理学是多学科融合的复杂领域，心理学面对的人生问题具有多元性，由此心理学也被称为中间学科、边缘学科。它兼具自然学科与社会学科的特点，同时对其他学科领域——例如人工智能、经济决策、社会进化等——具有极强的渗透力。

聚焦心理学问题的不同学科背景的人,有什么样的共同特征呢?

首先,他们是思想家。例如,弗洛伊德、荣格等提出了在当时具有震撼力的思想,对医学、政治学、历史学、文学、社会学、法学等学科领域产生了广泛的影响。心理学家擅长理论阐述,对人类发展规律进行概括化的总结与描述,往往学派林立,观点迥异,足见人类心理的复杂与多元性。

其次,他们聪慧且刻苦。从个人成长经历来看,很多心理学大师都是学霸级的人物,他们博览群书以积累自己的学识,他们废寝忘食地专注问题并直入核心,他们擅长思考并提出开创性的思想。

再次,他们具有"学科自恋",钟爱自己的研究领域,如痴如醉地奉献一生为其奋斗,具有极强的学科自信,不畏艰难,坚守理念,推广学说,建立队伍,成为学科领袖人物,力争让学说流传后世。

最后，他们具有优良品质。这些心理学大师也是心理学知识的实践者，他们没有暗黑人格，彰显着助人的崇高品德与严谨的学科伦理，足见心理学知识对他们人生的助力效果，他们以自身的心理品质示范出心理学的价值所在。在本书第三章，作者介绍了心理学家们是如何研究心理问题的，足见其学科智慧与心理风格。

心理学家关注什么重要问题？

心理学着重研究人类自身的心理问题，人类的心理是最复杂的研究对象，有着极不确定的特征。心理学要探究的领域一直被形容为人脑的黑箱，深奥到看不见、摸不着的内心世界，弗洛伊德将它视为冰山，詹姆斯认为是意识流，其流动变化的活动状态充满了不确定性。当你观察到 A 点时，它早已流动到了 B 点、C 点，心理学的追踪研究方法就源于此特点。本书第一章就阐述了心理现象的基础——人脑的机制与功能。然而，人类的未解之谜有很多，人类还在不断制造着新的谜题。例如，基因与环境对人心理的影响孰轻孰重？人类在制造 AI（硅基生物）时，是在帮助人类生存还是在毁灭碳基生物？人类社会发展与变迁是加剧了社会分化还是促进了世界融合？人类行为在掌控着地球的生态环境还是气候变化决定了地球的生命韵律？我们如何通过遗传与教育来优化家族进化？……一道道的难题不断地呈现在心理学研究者的面前，这些难题性质重要且迫切需要解答。在本书第四章，作者描述了心理学家们寻找心理奥秘、解答人类切身的心理问题的探索过程。

心理学对人类的贡献是什么？

1879 年是科学心理学诞生之年，以冯特在德国莱比锡大学建立第一个心理学实验室为标志。从此，心理学走出哲学母体，成为一门独立的学科。本书第二章所描述的独家装备,从纸笔记录到眼动记录、脑电记录等,访谈法、实验法、测量法等,都说明了心理学研究方法的客观化与技术科学化的特点,体现了心理学研究发展的科学之路。走过百余年历史的心理学,为人类作出了什么样的贡献?心理学创立之初有三个功能:一是塑造优秀者,追求卓越、发挥潜能;二是帮助正常人,完善自我、幸福生活;三是治疗受创者,缓解疾痛、平稳心态。当前,心理学在平安中国、健康中国、幸福中国的建设中发挥着越来越重要的作用。在本书第五章中,作者指明了心理学是创造美好世界的学科,是为人类自身与人类社会的发展做贡献的学科。

大众如何从心理学中获取重要信息?

当今社会,大众越来越知晓心理学在生活中的重要作用,但不知如何获取能够给自己与周围人带来教益的知识,有时被伪心理学家所诱骗,被伪心理学信息所误导,特别是打着科学实验的幌子、无法重复验证的伪结论，对大众更具有欺骗性，例如，星座和血型决定人的性格。其实，相信非科学验证的信息只因人们出现了心理上的巴纳姆效应，我们只在众多模棱两可的、一般性描述的信息中选取了与自己一致的信息、忽视了不一致的信息。在本书第三章中，作者告诉我们如何破除心理神话，识别真伪信息。

心理学内有很多分支领域，不同领域研究不同的主题，术业有专攻。在浩瀚的心理学知识海洋中，如何各取所需？要了解不同领域的"专攻"是什么。例如，人格心理学是研究个体差异心理现象，其学科理念是为人类幸福生活而努力；社会心理学是研究社会及群体心理现象，其学科理念是为建设美好社会而努力；发展心理学是研究人生发展阶段的心理特征与变化，其学科理念是为个体健康成长而努力；临床心理学是研究心理与精神疾患的致因与特征，其学科理念是为治愈疾病提升生命质量而努力。当我们需要寻找某一问题的答案时，可以从相应的心理学分支领域去了解相关知识与解决方法。

回到这本书,作者以平易浅近的方式来讲述心理学的重要性,采择的心理事实极具说服力,阅读其文字如同听其言语,给人一种轻松流畅的心理流动感,不枯燥,不沉重,一气呵成。这部小书充满了学术重量,是心理学领域少见的科普好书,重要且有趣,让我乐在其中,感受到专业的共鸣。

在这本书里,让我们与心理学知识相遇,被心理学陪伴,感受心灵的价值,接受科学的指引。

读此书,愿你也乐在其中!

北京师范大学教授　许　燕
2023 年 5 月 5 日

引 言

　　小时候，我经常定期探望祖父。探亲之行多半开心愉悦，倒也寻常平淡；不过，有次相聚对我的一生影响至深。我八岁左右，和祖父在客厅品茶。他递给我一支黑色记号笔和一枚维多利亚时代的硬币，让我在硬币上写下我的姓名首字母。然后，祖父把这枚硬币放在掌心，手指合拢捂住硬币。过了一会儿，他低声念了句咒语，然后慢慢张开手，硬币不见了。接着，他把手伸到座椅下面，拿出一个金属匣子，匣子和一副扑克牌差不多大，匣盖用几根橡皮筋牢牢固定。祖父把匣子递给我，让我打开。我去掉皮筋，打开匣子，只见里面有个略小的金属匣子,也绑着几根橡皮筋。我再次去掉皮筋,小心翼翼地打开第二个匣子。这回发现了一个绿色小布袋。我往袋子里一看,大吃一惊:写着我姓名首字母的硬币就在里面。

我迷上了变戏法,年轻时在这方面花了大把时间,尽可能博览群书。十三四岁,我就定期表演魔术,还想成为职业魔术师。然而,随着时光流逝,我的规划开始改变。优秀的魔术师应该明白观众如何感知世界。这包括知道哪些事情会吸引人们注意,观众何时生疑、为何生疑,以及如何确保表演的某些部分从他们的记忆里消失。这些内容研究得越深入,我就对研究人类心智越发心醉神迷。

到头来我去了伦敦大学学院攻读心理学学士学位。学业快结束时,我碰巧路过一张海报,这张海报引起我的注意。爱丁堡大学的罗伯特·莫里斯 [Robert Morris] 教授正在从事巫师与灵媒方面的研究,他想招一名博士生深入探究欺骗心理学。我成功申请攻读该学位，远赴苏格兰，在接下来的四年里研究了魔法、信仰和超自然现象。拿到博士学位后，我在赫特福德大学心理学系谋得讲师职位。从那以后，我就一直待在大学里，如今是心理学教授。这段时间，我对众多领域进行了研究，包括错觉心理学、运气心理学、魔法心理学、超自然心理学和谎言心理学。这全要归功于我祖父曾经给我表演过一个神奇的魔术把戏。

关于我，说得够多了，还是来谈谈你吧。你非常了不起。和大多数人一样，你会冒出种种念头，萌生七情六欲，包括坠入爱河、规划假期、心花怒放、心生嫉妒、记得上周二的事、欣赏音乐、思索生活的意义、统计一栏数据、决定在餐厅点哪些菜、做梦，以及阅读诸如此类的冗长词句。你还能做出数不胜数的种种行为，包括沿街散步、玩杂耍、唱歌、做早餐、画画、通宵跳舞、骑自行车、打哈欠、打喷嚏、亲吻、帮助他人、入睡、大笑。不仅如此,你更是全世界唯一和你一模一样的人。

心理学家历时多年研究如此众多的思想、情感与行为。大量不同类型的书籍对心理学家的工作都有描述。教科书对广阔的研究领域加以粗略总结,学术专著对特定领域的阐述细致翔实,大众读物以通俗易懂的语言记述趣味盎然的想法和成果,励志文章介绍了旨在改善生活的实用窍门和技巧。本书采用的视角略有差异,并提出了一个至关重要的问题:心理学为什么重要?

据我所知,对于这个问题,心理学并未深究。学生往往只知学习心理学方法和知识,而不去思索这项工作是否有意义。同样,学院派的心理学家也是大忙人,有时忙完一个项目紧接着忙下一个项目,无暇思考其工作是否重要、有多重要。本书让我们有机会喘口气、放慢脚步,反思心理学家为什么要做这些工作。

像任何作家一样,我也心怀偏见。我的整个职业生涯都致力于研究心理学、讲授心理学、推广心理学，本书根据的是我的经验，介绍的是我的观点。我还得说，我不认为所有的心理学研究工作都重要。事实上，有些工作毫不相干、无关紧要，甚至不无害处。然而，我认为，倘若心理学发挥出最佳效用，其意义非同寻常。以下各章都探讨了我认为心理学何以重要的不同原因，并介绍了阐明该领域工作多样性的研究项目。有大量潜在的研究可供选择，我也挑选了一些我觉得特别引人入胜、生动有趣、振奋人心或行之有效的例子。结尾处，我会提出一些切实可行的建议，推动今后更有意义的工作。

在我们相处的时光里，愿你乐在其中。

第一章

你的大脑究竟如何运作?

* * *

计算机、洗衣机和真空吸尘器到货都附带说明书。不幸的是，我们生下来并没有附带大脑使用指南，所以必须弄明白我们为何如此行事。多年来，对我们最珍视的关于大脑如何运作的诸多直觉和常识观念，心理学家提出质疑，并常常发现我们比自己寻常所想象的更了不起。在本章，我们将探讨若干实例，解释这项出人意料、引人入胜且有悖直觉的工作。沿途我们会遇到装扮成大猩猩和鬼怪的人，发现人们试图记住 1 万张照片时会发生什么，搞清楚为何心理学家要筹划数百起模拟事故……

对观察的审视

大多数人认为自己善于观察,对于发生在眼前的显著事件会立即察觉。然而,心理学家发现,视觉远非表面所见那么简单。

英国研究人员托尼·康奈尔 [Tony Cornell] 对可能存在的鬼怪颇感兴趣,他打算看看,人们与貌似超自然的幽灵面对面相遇时会发生什么。在一项研究中,康奈尔身披白色被单,漫步在繁华市中心附近的一条小路上。令人诧异的是,几乎没有人注意到他那鬼怪似的身躯。在另一项研究中,康奈尔来到当地电影院,穿上鬼怪服装,等到电影上映,就从银幕前走出电影院。事后,他问观众是否注意到了什么怪事,结果发现大约三分之一的观众根本没瞧见他幽灵般的外表。[1]

20世纪70年代，就人们看不见面前发生之事，乌尔里克·奈瑟尔[Ulric Neisser]与同事进行了更为系统的研究[2]。奈瑟尔创作了一部短片，短片里有两组人，每组三个人，一组身穿白色T恤，另一组身穿黑色T恤，每组都有自己的篮球。片中，每组球员不停地相互传递篮球。影片开始几分钟后，一名身穿黑色长款雨衣的女士撑着雨伞穿过现场，从球员身边走过。奈瑟尔向人们展示了这部影片，并让他们数一数身穿白色T恤的球员相互传递篮球的次数。奇怪的是，大多数人没能察觉到撑雨伞的女士。

---

1 A.D. 康奈尔：《观察幽灵实验及结果》，载《灵异研究社杂志》1959年第40卷（701期），第120—124页；A.D. 康奈尔：《观察幽灵实验续》，载《灵异研究社杂志》1959年第40卷（706期），第409—418页。
2 U. 奈瑟尔：《选择性注视中的信息取舍控制》，载A.D. 皮克[A.D. Pick]编《感知及其发展：致敬埃莉诺·J. 吉布森》，第201—219页。新泽西州希尔斯代尔：劳伦斯·厄尔鲍姆联合出版社，1979年。

20世纪90年代，丹·西蒙斯[Dan Simons]和克里斯托弗·查布利斯[Christopher Chabris]根据奈瑟尔的经典影片制作了多个版本，并用其他意外事件替代撑伞女士。[1]其研究团队一名成员进行了另一项实验，实验中，研究人员扮成大猩猩模样，在其中一部影片中，他穿上大猩猩外套，从篮球选手身旁走过。研究人员甚至还给自己加戏，在场景中间停下来，对着镜头拍打胸脯。西蒙斯向人们展示了这部影片，并让他们数一数身穿白色T恤的球员传递篮球的次数。同奈瑟尔先前的发现一致，约半数人没能察觉到"大猩猩"。

西蒙斯将他这部精彩的"大猩猩"影片上传到互联网，很快就成为热播影片。受这部作品和魔术经历启发，我制作了一个在线短视频，名为"变色牌戏"。片

---

[1] D.J. 西蒙斯、C.F. 查布利斯：《我们当中的大猩猩：对动态事件持续非注意视盲》，载《感知》1999年第28期，第1059—1074页。

中有两个人在桌旁玩纸牌戏法。变戏法时，表演者把桌布、衣服和身后窗帘都换了颜色。出乎意料的是，大多数观看这部影片的人都没能察觉这些变化。在另一个以戏剧形式说明我们会忽略眼前发生之事的例子中，研究人员发现，学生打手机时，竟然没注意到一个小丑骑着独轮车路过！[1]

这些研究有助于心理学家进一步认识我们视觉系统最深层的运作机制。根据一种感知模型，对周围环境所有输入信息的处理会迅速淹没我们的视觉系统。其实不然，我们的大脑会自动并无意识地将注意力集中在看上去重要的事情上。这种处理通常运作良好，让我们对周围发生的事情有一个准确的印象。然而，在某些情形下，这种处理

---

[1] I. 海曼 [I. Hyman]、S. 鲍斯 [S. Boss]、B. 怀斯 [B. Wise]、K. 麦肯齐 [K. McKenzie]、J. 卡贾诺 [J. Caggiano]：《你看到骑独轮车的小丑吗？边走路边打手机时的非注意视盲》，载《应用认知心理学》2009年第24（5）期，第597—607页。

会令我们忽视意外状况。我们在电影院看电影时,就别指望会看到鬼怪在银幕前走过。要统计视频中人们传递篮球的次数,我们就不会留神寻找装扮成大猩猩的人。观看纸牌戏法时,我们不会注意桌布、表演者衣服或窗帘的颜色。从某个层面看,对这些醒目之事视而不见,表明我们对于观察的常识理解大错特错;而从另一个层面看,它表明我们的大脑实际上多么神奇、多么复杂。

过目不忘

20世纪70年代,莱昂内尔·斯坦丁[Lionel Standing]对记忆力进行了出色研究。斯坦丁说服五名志愿者花了数天时间观看1万张照片;每张图像只看五秒钟。为发现他们记住了多少图像,研究人员向志愿者展示了数百张照片,并请他们辨认出在研究一开始看到的照片。利用该信息，斯坦丁估算，志愿者记住了大约6600张照片，尽管每张照片只看了几秒钟。罗伯·詹金斯与同事的类似研究表明，平均下来，人们存储在记忆中的面孔有5000张。人们常常觉得自己记性差。其实，我们大多数人都能存储海量的视觉材料，能利用这种非凡能力考试过关、记住网上密码、脱稿发表长篇演讲，诸如此类。

出处：莱·斯坦丁：《记住1万张图片》，载《实验心理学季刊》，1973年第25卷，第207—222页；R.詹金斯、A.J.道塞特[A.J. Dowsett]、A.M.伯顿[A.M. Burton]：《人们认识多少张脸？》，载《生物科学学报》，2018年第285卷（1888期），2018.1319。

信念、主张与决策

20世纪70年代,阿莫斯·特沃斯基[Amos Tversky]和丹尼尔·卡内曼[Daniel Kahneman]进行了一次实验,只用了八个数字,该实验如今已成经典[1]。他们来到一所高中,让学生估算两个算式的答案。半数学生要解这个算式:

$$8 \times 7 \times 6 \times 5 \times 4 \times 3 \times 2 \times 1 = ?$$

而展示给其他学生的则是这个算式:

$$1 \times 2 \times 3 \times 4 \times 5 \times 6 \times 7 \times 8 = ?$$

依照数学,这两个算式完全相等,因此,如果推理正确,两组学生就该得出相同答案。然而,看到第一个算式的学生得出的估值大约是看到第二个算式的学生估值

---

[1] 阿·特沃斯基、丹·卡内曼:《不确定状况下的判断:启发式和偏差》,载《科学》1974年第185期,第1124—1131页。

的四倍。特沃斯基和卡内曼推测，学生走了一条心理捷径，他们的答案依据的是每个算式的开头部分。第一个算式从相对较大的数字开始，因此学生得出了较高的估值；相比之下，第二个算式起始数字小得多，因此学生得出的估值低得多。进一步的研究表明，这种效应——通常称作"锚定效应"——会在很多情况下影响我们的决策。例如，某家具店可能会打出一个标牌，上写"椅子原价500英镑，已降至250英镑"。通过锚定第一个价格，第二个数字看上去就低得出奇。相反，在谈判过程中，一方可能会开价较低，这样，后面的报价就会显得更抢眼。

更多研究表明，我们的许多信念、判断和决策都受到类似种种偏差的蒙蔽。就拿我们对生活中发生之事的辩解方式来说吧。研究表明，我们往往将此类事件的结果要么归因于自己（如我们的个性、智力或能力），要么归因于外部因素（如他人、机会或命运）。仅仅这么做还不要紧。然而，我们如何归因取决于事件的结果。成功了，我们往往归功于自己（"我考得好，是因为我努力复习，又很聪明"）；失败了，我们往往归咎于外部因素（"我考砸了，是因为考场上有干扰"）。[1]从有利一面看，这种偏差可以帮助我们树立自信；而从不利一面看，它会妨碍我们为过去的错误承担责任并从中吸取教训。

一旦我们做出决策，或形成信念，其他类型的思维偏差就会确保我们不太可能改变主意。其中最重要的一类可以用一个简单游戏来说明，你可以和朋友一起玩这个游戏。[2]告诉朋友，你有一条规则，由此可以生成一组三个数字，以下序列符合该规则：2、4、8。现在，让他们想出新的序列，以此发现你的规则，并表示你会告诉

---

1 更多信息参见 J. 谢泼德 [J. Shepperd]、W. 马龙 [W. Malone]、K. 斯威尼 [K. Sweeny]：《自我服务偏差成因探析》，载《社会与人格心理学指南》2008 年第 2 期，第 895—908 页。

2 该游戏所依据的研究见 P. 沃森 [P. Watson]：《论未能排除概念性任务中的假设》载《实验心理学季刊》1960 年第 12（3）期，第 129—140 页。

他们其答案是否符合该规则。大多数人认为该规则是每次将数字翻倍，因此生成了证实该见解的序列（如16、32、64或10、20、40）。随着时间推移，你的朋友会得出越来越多的序列加以确认，并愈发相信它们正确无误。事实上，他们的规则错了。只有当他们想出的示例不符合翻倍规则（如1、5、31或67、37、21）时，才会发现正确的规则是该序列必须包含升序数字。

寻找与我们观点一致而非相左的信息，这种倾向影响了我们生活的诸多领域。假设你刚好认为内向的人喜欢读书，而外向的人喜欢参加能令其肾上腺素分泌的活动。现在设想你去参加聚会，和某个以前没见过的人聊天。这个人透露自己性格内向，你就问他最近是否读过什么好书。接着，当晚晚些时候，另一位客人形容自己性格外向，你就问他是否尝试过跳伞。你的诱导性问题探出的信息很可能证实你的先入之见。这样做，你就不太可能发现第一个人其实是蹦极爱好者，而第二位客人刚刚如饥似渴地阅读了托尔斯泰的《战争与和平》。[1] 同样的寻找确认信息也致使人们对包括体育、新闻、政治和宗教在内的众多话题都抱有不准确的意见。对这一奇怪现象的最新研究表明，社交媒体放大了此类偏差，因为我们大多数人都与想法相同、意见一致者保持联系。[2]

最后，我们可能会认为，一旦遇到与自己意见大相径庭的信息，我们就会承认自己错了。不幸的是，研究表明，在这种情况下，我们会记错最初的意见，还会让我们相信自己一贯正确。早在 19 世纪 70 年代，巴鲁克·菲施霍夫 [Baruch Fischhoff] 和露丝·贝思 [Ruth

---

[1] 据 M. 斯奈德 [M. Snyder]、W.B. 斯万 [W.B. Swann]:《社会互动中的假设检验过程》，载《个性与社会心理学杂志》1978 年第 36 期，第 1202—1212 页。

[2] M. 沃克曼 [M. Workman]:《对社交媒体就一个争议性话题进行辩论的实证研究：确认性偏差与参与者特征》，载《社会社交媒介杂志》2018 年第 7（1）期，第 381—400 页。

Beyth]就对这种奇特的效应进行了研究。[1]研究初始阶段，他们请参与者设想理查德·尼克松即将对中国和苏联的访问，并预测此行发生各种事件的可能性，比如尼克松会见毛泽东主席。接下来，尼克松结束出访、媒体广泛报道后，他们请参与者回忆当初的预测。参与者先前的观点往往是错误的，然而，他们并未意识到曾经如此预测，反而记错了最初的回答，并确信自己一直都是对的。这种效应被称为"后见之明式偏差"，数百项研究表明，它可以欺骗人们去相信能精确预测股市，预知选举和体育赛事的结果，计算出友谊会维持多久，诸如此类。

从较为积极的方面看，该领域的一些最新工作研究了如何帮助人们克服这些偏差，做出更理性的决策。例如，安妮－劳拉·塞利尔 [Anne-Laure Sellier] 及同事请一

---

[1] 巴·菲施霍夫、露丝·贝思：《"我早就知道它会发生"：回想起曾经未来之事的可能性》，载《组织行为和人类表现》1975年第13期，第1—16页。

群商科学生玩一个视频游戏,游戏中,他们扮演侦探,试图寻找某位失踪者。[1] 该游戏旨在说明上述某些偏差,如学生的搜索策略如何因其寻找确认性证据的倾向而产生偏差。接下来,学生们围绕发射"挑战者号"航天飞机的重大决策参加了一次模拟演练。与另一组未被告知此类偏差的学生相比,玩过非理性思维游戏的学生就发射航天飞机做出危险决策的可能性要小得多。

大多数人可能认为自己会以理性方式就重大议题下定决心。然而,事实出乎意料,我们的想法和信念往往是几种无意识偏差的结果。我们经常被所见的第一个信息左右,因为某些意见让我们感觉良好而加以采纳,寻找能够证实我们想法的信息,误记过去,以说服自己始终正确。从积极一面看,这些心理捷径让我们能够快

---

[1] 安妮-劳拉·塞利尔、I. 斯科佩利蒂 [I. Scopelliti]、C. K. 莫尔韦奇 [C. K. Morewedge]:《纠偏训练提升现场决策力》,载《心理科学》2019 年第 30(9)期,第 1371—1379 页。

速做出决策并发挥作用，而无须不断思索最佳的行事方式。然而，在某些情况下，这些无意识偏差会导致危险而有害的信念与主张，包括涉及性别歧视和种族主义的信念与主张。不过，好消息是，研究表明，这些偏差有望克服，从而显著改善我们的决策和判断。这项工作也令人信服地解释了我们对大脑的常识理解如何离谱，以及心理学如何为我们的真正思考提供重要见解。

> **面对面**
>
> 婴儿内心的想法几乎无从知晓，因为他们无法描述自己的思维与感受。然而，一些研究人员采取精心设计的行为研究解决了这一问题。其中最著名的例子是用一个五英尺见方的木箱（称为"观察舱"）来查看婴儿对面孔的知觉。该领域的早期研究中，研究人员绘制了

一张简单的脸（两个点当成眼睛，半圆当成微笑的嘴角）和另一张包含相同元素但随机排列的画。然后，研究人员将这两张图画放在箱子里，确保一幅画放在左手边，另一幅画放在右手边。接下来，他们小心翼翼地把婴儿放进箱子里，测算婴儿看每张图片所花的时间。这个技巧使研究人员得以发现婴儿能否区分这两张图片，如果能区分，他们会觉得哪张更有意思。多年来，这个技巧揭示了一系列有趣见解，如大多数婴儿对类似面孔的图像表现出强烈偏爱，他们花更多时间看眼睛睁开的面孔而不是闭着眼睛的面孔，花更多时间看眼睛迷人并进行直接眼神交流的面孔而不是看侧脸。这项研究雄辩地说明了心理学如何让大脑中难以接近的部分显露出来。

出手相救还是袖手旁观,这是个问题

20世纪60年代末,约翰·达利[John Darley]和比伯·拉塔纳[Bibb Latané]进行了一系列开创性的研究,以考察助人行为。[1]志愿者受邀来到他们的实验室,参加一项心理学实验,随后发现自己面临一场模拟紧急状况。如在一项研究中,志愿者被带进一个房间,并要填写一份问卷。填写过程中,烟雾开始渗入房间,表明附近发生火灾。在另一项研究中,一名志愿者看上去癫痫发作。这些紧急状况均系研究人员设计。第一个例子里的烟雾由机器生成,第二项研究中假扮的志愿者其实是研究团队成员。研究人员确保参与者有

---

1 比伯·拉塔纳、约翰·达利:《旁观者"冷漠"》,载《美国科学家》1969年第57期,第244—268页。

的独自在实验室里,有的与一小群人在一起,并暗中观察他们对模拟紧急状况作何反应。常识预判,紧急状况现场的人数越多,有人站出来帮忙的可能性就越大。然而,结果恰恰相反:紧急状况现场的人数越多,受助的可能性就越小。例如,在烟雾研究中,独自填写问卷的学生中约50%在数分钟内报告有烟雾,而与其他人同在房间里的学生中只有约12%报告。即便烟雾浓得遮蔽了人们的视线,情况也是如此。多年来,这种奇怪现象被多次证实,并被称为"旁观者效应"。这充分说明,我们自身所处的环境怎样改变了我们的行为。

虽然旁观者效应已在实验室里进行的数百次实验中得到了有效证实,但一些心理学家指出,在某些更现实的场景中,人们常常会出人意料地提供帮助。例如,2019年,研究人员对英国、南非和荷兰公共场所暴力场面的闭路电视画面进行了分析,发现90%的案件中,至少有一人试图提供帮助。[1]

多年来，心理学家提出了各种说法来解释旁观者效应。例如，有人认为这是由于所谓的"责任分散"[diffusion of responsibility]，在旁边有人的情况下，每个人都认为帮助别人是其他人的责任，也就没人采取行动。有的研究人员分析认为，旁边有人时，人们往往不愿提供帮助，可能是因为他们害怕犯错或显得愚蠢。有的研究考察了如下观点，即人们认为自己应该有所作为，但也认为群体中的其他人并不同意其观点，故而他们遵从了貌似社会规范的做法。

---

[1] 理·菲尔伯特、L.S. 利伯斯特 [L.S. Liebst]、M. 莱文 [M. Levine]、W. 伯纳斯科 [W. Bernasco]、M.R. 林德加德 [M.R. Lindegaard]：《我会出手相助吗？多国闭路电视画面显示，公共冲突中干预成常态》，载《美国心理学家》2020 年第 75（1）期，第 66—75 页；P. 费舍尔 [P. Fischer]、J.I. 克鲁格 [J.I. Krueger]、T. 格莱特迈尔 [T. Greitemeyer] 等：《旁观者效应：危险与非危险紧急状况下旁观者干预的荟萃分析综述》，载《心理学通报》2011 年第 137（4）期，第 517—537 页。

另一派研究对增强和减弱该效应的因素进行了分析。例如，需要帮助的人与自己相似、个人责任感油然而生、没有急事、心情好——在这些情况下，人们更有可能提供帮助。该领域一项最新研究分析了网络暴力背景下的旁观者效应，所涉群体为中国学生（对该群体的研究尚不充分）。由梁雅文[Angel Nga Man Leung]开展的这项研究带来了一些有趣发现，如研究表明，过去遭受网络暴力的当事人将来更有可能为受害者辩护。[1]

对旁观者效应的研究表明，关于在社会情境中人们如何行事，我们的常识观念可能是错误的，这也是心理学家如何就我们的实际行为提出惊人见解的一个事例。

---

[1] 梁雅文：《助还是不助：中国网络旁观者对网络霸凌的干预》，载《心理学前沿》2021年第12期，483250。

心理学为什么重要：你的大脑究竟如何运作？

我们在本章所接触的研究，说明了心理学如何对人们关于大脑运作的常识观念提出质疑。例如，人们通常认为自己观察敏锐，判断明智，记性不佳。然而，正如我们所看到的，研究表明，人们往往对发生在眼前的事情视而不见，经常持有非理性信念，而能回忆起数量可观的视觉材料。这项工作不仅在理论上很重要，而且具有实际用途。例如，对观察的见解有助于评估法庭上的目击者证词，对无意识偏差的研究有助于抨击性别歧视和种族主义观念。多年来，心理学家就我们的思维、感觉和行为方式揭示了一系列令人惊叹、引人入胜和有违直觉的见解。此外，这项工作的大部分内容表明，我们的大脑比我们通常想象得要更为复杂，也更了不起。

第二章

独家装备

★ ★ ★

心理学就人类心智提供了众多引人入胜、有违直觉的见解,前一章里,我们审视了其中部分见解。现在,我们接着审视研究人员如何开展工作来支撑这些发现。与大众的看法相反,心理学家通常不会分析人们的梦境,不会给他们看奇怪的墨渍,也不会问他们听到"香蕉"一词时会作何联想。相反,他们开发了一套更为可靠的技术来研究人类心智。这套独家装备非常灵活,允许研究人员探究人类心理的方方面面。此外,了解这些技术,可以为人们提供一套在日常生活中非常重要且不无裨益的思维技能。本章中,我们将通过若干虚拟的研究来仔细查看该装备,包括采访你的一位最亲密朋友,前往当地商业街,暗中观察电影院里的观众,以及将你的住所变为实验室。虽然心理学家通常研究重要问题，但我认为，我们的虚拟研究用于审视较为轻松的话题会妙趣横生。因此，当我们试图回答一个可能从未困扰过世上最伟大思想家头脑的问题时，请准备好遭遇一连串可怕的双关语吧——这个问题就是：观看恐怖片会令人们吃更多爆米花吗？

启动

假设你决定花一个晚上看部电影。搂着一桶爆米花，你蜷进沙发里，摁下播放键，开看《吸血鬼大战狼人之第六部：缅怀毒牙》。影片放完后，你会注意到非常奇怪的事情。通常一部片子看下来，你会吃掉大概半桶爆米花，而这次吃了一整桶。你很好奇，想知道是不是这部影片的恐怖属性令你比平时多吃了爆米花。这么做，你刚好完成了任何心理学研究都具备的一项关键内容，即确认研究主题。

你生性好奇，决定对根据爆米花得出的假设进行检验。刚巧，你的好朋友萨莉开了一家吸血鬼迷俱乐部。你联系上萨莉，两人花了几个小时聊她在看不同类型影片时吃了多少爆米花。回想了过去几年的情况，她最终得出结论，看恐怖片时，她确实吃了更多的爆米花。

这类工作通常被称为个案研究，往往包括对某个人或一小群人的深入探究。多年来，心理学家使用这种方法审视了形形色色的话题。例如，1800年前后，法国医生发现了一个小男孩，他似乎在森林里独自生活了数年。尽管医生们一再尝试教这个男孩如何交谈，他还是不能流利地说话。当时的研究人员认为，该案例表明，早期与他人的互动对语言习得至关重要（一些现代心理学家对该结论提出了质疑）。另一个著名个案研究出自20世纪50年代，当事人名叫亨利·莫莱森 [Henry

Molaison]。二十多岁时，为治疗癫痫，莫莱森接受了脑部手术，但手术后，他无法记住任何新的信息或新的经历。他一直生活在当下，参与了近五十年的心理学研究，并帮助研究人员辨识出大脑中疑似与创造力和检索新记忆相关的部分。

定性研究

很多心理学研究都要求人们完成问卷调查、做出决策、执行任务等。因为这项工作注重数据与测量，所以通常被称为"定量"方法。相比之下，"定性"研究采用了稍为不同的视角，往往旨在获取体现人们意见、思想、信念和经验的丰富而详细的表征。还有的定性研究关注人们的对话和评论，还会审视他们如何与别人交谈、自我描述和发号施令等。定性研究通常在实验室外进行，必须频频分析访谈或文本中的关键主题、模式和想法，往往还要以参与者自己的声音发布结果。个案研究通常采用定性方法。

定性方法适用于研究各式各样的主题。例如，研究人员可能会采访文化背景各异的人，了解其对压力的体验，与青少年谈论社交媒体如何塑造其归属感，探究职场中的神经多样性，考察医院里医生所用的语言，或与教师合作了解推行新学校课程面临的挑战。定性研究已就人们的观点、经验和行为产生了重要见解，是围绕某个问题的复杂因素进行思索的有益工具。

理论心理学领域的大量工作，以及我本人几乎所有研究，都采用了定量方法（原文为 quantitative approach，疑为 qualitative approach ["定性方法"]——译者注），本书中的大量内容也体现了这种方法。

个案研究是细致深入了解个人或小群体的有效途径。然而，就像心理学中的所有方法一样，这种研究并不完美。比如，由于个案研究通常依据的是少数人，因此研究结果可能并不普遍适用于其他人。在我们虚拟的研究中，你与萨莉的漫长交谈是了解她观看各类影片时爆米花摄入量的有效方式。不过，你找萨莉是因为她爱看恐怖片，所以她的经历可能并不适用于其他人。考虑到这个问题，你决定再做些研究。

前往商业街

第二天，你穿上夹克，拿起夹纸书写板，前往商业街。站在车水马龙的街角，你请数百名路人回想一下最近看的一部影片，并对他们吃了多少爆米花以及影片的恐怖程度进行评分。不是每个人都有空闲聊，但很多人彬彬有礼，回答了你的问题。你随后分析数据并发现，你的假设证实了：影片越恐怖，吃的爆米花就越多。多年来，此类调查就各种心理现象产生了引人入胜的见解，如研究表明睡眠不良与花大量时间玩智能手机有关，加强锻炼事关幸福升级，爱侍弄花草的人压力较小。[1]

然而，你的街头调查也有不足之处。例如，虽然这项工作涉及之人远远多于你与萨莉的个案研究，但结果可能仍然无法适用于他人。毕竟你只能让有时间与你交

---

[1] K. 德米尔奇 [K. Demirci]、M. 阿克戈努尔 [M. Akgönül]、A. 阿克皮纳 [A. Akpinar]：《大学生沉迷智能手机与睡眠质量、抑郁焦虑的关系》，载《行为成瘾杂志》2015 年第 4（2）期，第 85—92 页；Z. 张 [Z. Zhang]、陈蔚云 [W.A. Chen]：《体育活动与幸福之间关系的系统综述》，载《幸福学杂志》2019 年第 20 期，第 1305—1322 页；T.L. 斯科特 [T.L. Scott]、B.M. 马瑟 [B.M. Masser]、N.A. 帕查那 [N.A. Pachana]：《积极老龄化得益于家庭与社区园艺活动：老年人称增强了自信、有益活动、社会交往和锻炼》，载《世哲开放医学》2020 年第 8 期，2050312120901732。

谈的人参与进来，因此研究结果可能并不适用于那些生活忙碌之人。

此外，还有一个至关重要的测算问题。人们填写调查问卷或接受采访时，要报告自己的想法、看法、信念、情绪和行为。可惜有时人们很难提供可靠信息。例如，你能记得去年有多开心吗？能精确评估上周睡眠状况如何吗？能心安理得地告诉研究人员你上次违法的情形吗？同样，在我们虚拟的街头调查中，路人可能很难准确估算他们在观看各类影片时吃了多少爆米花。他们急于要迎合研究人员，可能会给出一个数值，但该数据或许并无特别意义，或许不够准确。对于任何研究来说，研究人员采取的措施既要有意义，又要准确，这一点很重要。这不仅仅是在街头向人们提问才会出现的问题。事实上，它适用于所有的心理学研究。

考虑到这些问题，你决定进行第三项虚拟的研究。

暗中行事

你去了当地电影院,发现那里正在放映另一部吓人的恐怖片——《吸血鬼大战狼人之第七部:灵柩之血》。你买了一张票,坐在观众席后面,偷偷记下该片观众所吃爆米花的数量。接下来,在放映爱情喜剧片时,你重复了这个过程。就像邂逅吸血鬼一样,这真令人头痛。然而,与街头调查相比,你对爆米花摄入量的测算似乎更有意义,也更准确。不仅如此,你还知道一群人在看恐怖片,另一群人在看爱情喜剧片。研究完成后,你跑回家,使用各种统计测试对数据进行研究,发现人们在看恐怖片时吃的爆米花比看爱情喜剧片时吃得多。

这项研究需要观察人们的日常行为,多年来,研究人员将该方法运用于形形色色的语境中。例如,罗伯特·莱文 [Robert Levine] 和阿拉·诺伦扎扬 [Ara Norenzayan] 认为,人们匆匆奔走与心脏病发作之间可能存在关联。[1] 为查明是否属实,他们在三十多个国家安排研究人员走上大街并暗中记录人们步行 60 英尺所需时间,然后将这些测算结果与每个国家冠心病死亡率进行比对。平均步行速度越快,死亡率越高。在其他研究中,研究人员查看了人们日常行为的记录,如闭路电视录像或数据库。例如,马克·弗兰克 [Mark Frank] 和托马斯·吉洛维奇 [Thomas Gilovich] 认为,运动队所穿服装的颜色可能与他们的表现有关。[2] 由于黑色队服通常会让人联想到独裁,研究人员推测,身穿这种服装的运动队更具侵略性,也就会受到裁判更多警告。研究人员遍查美国职业橄榄球联盟和国家冰球联盟的记录,发现该假设得到了证实。这些类型的研究往往还包括有意义的测

---

1 R.V. 莱文、阿·诺伦扎扬:《31 个国家里生命的步伐》,载《跨文化心理学杂志》1999 年第 30(2)期,第 178—205 页。
2 M.G. 弗兰克和托·吉洛维奇:《自我和社会知觉的黑暗面:职业体育中的黑色制服与攻击性》,载《个性与社会心理学杂志》1988 年第 54(1)期,第 74—85 页。

算，对于了解人们在现实世界中的行为大有帮助。

然而，你在思考从电影院收集的信息时，另一个问题冒了出来。数据显示，恐怖片观众吃的爆米花更多，你由此得出结论，电影的性质影响了观众的爆米花摄入量。但还有另一种可能，即去看恐怖片的观众特别爱吃爆米花。简而言之，假如因子 A 与因子 B 相关（或者用术语说，"相互关联"），这并不意味着因子 A 导致因子 B；其实，也可能是因子 B 导致因子 A。相关性和因果关系之间的这种差异是个潜在问题，我们讨论过的大量研究中都存在这个问题。也许人们整天盯着智能手机看会扰乱睡眠，也可能是睡眠差的人通常花很多时间玩智能手机；也许锻炼让人快乐，也可能是快乐令人多去锻炼；谈到步行速度和冠心病导致的死亡，也许匆匆奔走会增加心脏病发作的可能性，也可能是易发心脏病的人喜欢匆匆奔走；同样，也许穿上黑色服装会让运动队比赛起来更具侵略性，也可能更具侵略性的球队会选择身穿黑色队衣。再把事情弄得稍微复杂点,两个因子之间的任何关联也可能是由于第三个因子。互联网上有很多搞笑事例来说明这种见解,包括大城市严重犯罪案发量与街头小贩出售的冰淇淋数量有关(两者都在夏季增加),儿童鞋子的尺寸同其阅读水平有关(两者都与儿童年龄有关)。

选择研究主题

在我们的虚拟研究中,"恐怖片促进爆米花摄入"这个想法的产生,是因为你在日常生活中注意到了不同寻常之事。这种情况也会在心理学领域出现。然而,研究人员选择探究某个主题还有其他一些原因。比如,他们可能想检验某个理论,解决某个实际问题,探讨某个重大社会问题,试图帮助他人,或者评估某个有趣的主张。心理学家审视的主题以及他们开展这项工作的方式，受到多重因素的影响，包括以往的研究、风行的时代精神、可用的资金以及研究人员的想法与视角。评估任何研究时，对研究人员为何选择探究某个特定主题进行思考，这往往很重要。他们打心底里感兴趣吗？还是想让世界变得更美好？或是希望为某个政治信念或宗教信仰寻求支持？还是想提出某种世界观或社会政策？诸如此类的问题有助于提供更周全的研究视角。

在心理学领域，顽强的意志是成功的关键；为了展现这种顽强意志，你决定进行第四次也是最后一次虚拟研究。

回到家里

最后这项虚拟研究要将你的住所改造成实验室。你在起居室门上画个字母"A",在卧室门上画个字母"B"。接下来,在每个房间放一台电视机和一些磅秤,并邀请若干朋友住上一晚。朋友来了,你给每个人一大桶爆米花,然后扔硬币。如果硬币正面朝上,就把他们带进A房间;如果反面朝上,他们就去B房间。A房间里的每个人都会看一部非常恐怖的影片(《吸血鬼大战狼人之第八部:开普敦历险》),而B房间的人会看一部爱情喜剧片。对A房间剩余爆米花称重,并将其与B房间剩余爆米花进行比较,你就可以确定看恐怖片是否会导致人们吃更多爆米花。你再次分析数据并发现,不出所料,A房间的人比B房间的人吃了更多的爆米花。

该研究阐明了与实验方法相关的基本要素。这项实验涉及群体相对较大，因此其结果可能适用他人。你对爆米花摄入量进行了称重，因此测量结果可能准确且有意义。随机分配观众观看这部或另一部电影，确保了爆米花摄入量的任何差异都必定是观看不同影片的结果。因此，你可以将关联性与因果关系区分开来。不过，就像你迄今为止进行的研究一样，这个实验并不完美。例如，此类实验通常是在实验室（或者本例中你的住所）这种略带人为因素的场景中进行的，因此实验结果可能无法反映真实世界发生的情况。此外，这个实验仅用了两部影片，你可能想用其他几部恐怖片和爱情喜剧片来重复该实验，以发现你是否总能得出同样结果。尽管有这些缺点，但实验方法仍是心理学领域极受欢迎也极为有效的技术。

我猜，假如我们真的要进行最后这次虚拟实验，观看恐怖片的那些人确实会吃掉更多的爆米花。为什么？因为在 2019 年，拉马·玛塔尔 [Lama Mattar] 及同事进行了类似实验。[1] 在玛塔尔的研究中,参与者被随机安排观看恐怖片或爱情喜剧片。看电影前,研究人员给了他们一碟零食(包括爆米花),并告诉他们想吃什么就吃什么。结果,看恐怖片的人比看爱情喜剧片的人吃掉了更多高脂含盐食物。

别那么急

所有这四项虚拟研究使用了不同技术,但都得出了相同结果。心理学家称之为聚合性证据(或称三角测量),而这些发现可能会诱使你得出结论,看恐怖片确实会让人多吃爆米花。别那么急。

---

[1] 拉·玛塔尔、N. 法兰 [N. Farran]、J. 阿比·卡玛 [J. Abi Kharma]、N. 泽尼 [N. Zeeni]:《电影暴力严重影响年轻人食物选择》,载《饮食行为》2019 年第 33 期,第 7—12 页。

所有的工作都是你做的，记住这一点很重要。整个研究过程中，你可能希望你的假设正确无误，或许就会以某种方式影响参与者提供你想要的答案。这同样适用于心理学（以及许多学科）。仅仅一名研究人员进行某些研究并公布正向结果，这还不够。相反，重要的是要有大量其他研究人员也进行同样的研究，看看他们是否得出类似结果。如果进行这项研究的研究人员并不像你那样酷爱这个假设，那就更好了，这样的话，因参与者受不当影响而产生任何结果的可能性就可以排除了。这一理念（称为"重复验证"）在过去数年间变得特别重要，有些研究人员对一些众所周知的心理学发现表示怀疑，因为事实证明这些发现很难重复验证。再回到我们的虚拟研究，假设你请几位朋友重复你关于吃爆米花与恐怖片的研究。他们耐心地进行类似研究，并得出相同结果。你能最终得出"你的假设正确"这个结论吗？再说一遍，别那么急。

你的个案研究参与者是你的朋友萨莉；调查是在附近商业街进行的；你在当地电影院观察观众；参与实验室研究的是你的朋友；重复验证是由你认识的人进行的。在每个例子中，数据都是从大致与你差不多的人那里收集的。"在参与研究的这类人群以及从事研究所处的文化中，该假设似乎正确"，得出这个结论可能较为合理，但重要的是不要将你的发现过于一概而论。毕竟，如果让来自更多不同背景和文化的人参与，很可能会得出一系列不同结果。文化因素会影响研究人员所要检验的假设、研究涉及的参与者及研究人员使用的措施。这是心理学的一个重要问题，因为大多数研究（包括本书探讨的许多研究）涉及的参与者都来自西方[Western]、受过教育[Educated]、工业化[Industrialized]、富裕[Rich]和民主[Democratic]的社会（首字母缩写就是"WEIRD"["怪异"]）。幸运的是，这个问题现在正在得到解决，越来越多的研究涉及更多差异化的研究人员、群体与文化。

最后还有个问题。即便我们的虚拟研究表明，观看恐怖片会令人吃下更多爆米花，但并未探究何以如此。要找出造成这种效应的原因，需要提出并检验更多假设。例如，你可能会猜测，恐怖片令人心生焦虑，为平复下来，他们就吃更多爆米花。为验证该想法，你可以在人们观看恐怖片时监测其生理机能以测算焦虑程度，看看吃爆米花是否发生在特别恐怖的时刻。或者，你可能会认为，看到演员惊恐尖叫的画面，人们开始往嘴里塞更多的爆米花。为验证这一假设，你可以找到影片中与尖叫相关的时刻，看看它们是否与食用爆米花相关。或者，你可能会开始检验这种效应是否在某类人群（比如有神经质的那些人）中特别普遍，并利用该信息来帮助形成你的理论。此类工作虽然进展缓慢，但必定有助于揭示对这种现象的解答。

完成这项工作后，你总算能撰写研究报告并向学术期刊提交论文了。接下来，其他心理学家会应邀评估你的工作质量，只有他们表示满意、认为你的工作有足够价值时，论文才获准发表。这一过程（称为同行评审）并不完美，但它确实在某种程度上保证了对品质的掌控。

心理学为什么重要：独家装备

我们着手调查观看恐怖片是否会增加爆米花摄入量。虚拟研究随即表明，回答这个貌似简单的问题比一开始看上去要复杂得多。我们进行了四项研究来检验这个问题，其中包括采访萨莉、在附近商业街进行调查、暗中观察当地电影院里的观众，以及在家里进行实验。这些研究均未提供一种完美的方法来检验假设。相反，每种方法都有其优缺点。心理学是一门艺术，它选择最佳方法（可能是多种方法）来检验手头问题，然后公布这项工作的优缺点。这一过程可能一团糟，很耗时，往往还要在不确定性面前做出判断，因此，应该以谦卑姿态、容忍模糊和开放心态来对待它。心理学并不总是提供正确答案。但它确实在特定时刻为我们提供了最佳猜想。而一旦心理学击中要害，就会产生对人类心智的出色洞察，改善人们的生活，并为重大事项提供有效解决方案。

认识本章讨论的各类方法论问题，还有助于人们批判性地评估心理学研究。研究人员为何选择研究这个话题？他们是如何解决这个问题的？是定量研究还是定性研究？采用了什么方法？研究是在人工场景里进行的吗？参与者有多少？他们是如何招募的？研究期间测算了什么？这些测算是否有意义、是否准确？关联性与因果关系是否混淆？研究人员运用什么理论解释其数据？还可能有其他解释吗？这些结果是否被其他研究人员的重复研究所证实？将研究结果应用到其他人和其他状况，特别是在人群和文化更为多样化的背景下，这么做是否合理？该研究是否经过同行评审？

学者们运用这套独家装备，对自己的研究及其同事的工作（这更常见）投下怀疑的目光。此类批判性思维在日常生活中也至关重要。不论什么时候看电视、看书读文章、听广播、访问网站或社交媒体，你都会发现自己遭到心理学信息的狂轰滥炸。记者描述了心理学的最新科学发现；政府就新的社会政策发布报告；励志宗师介绍研究以推广新的饮食或更健康的生活方式；广告商和市场营销人员发布研究，以证明新产品或服务的功效；作家引用支持其政治观点和宗教信仰的研究。对这些说法能以深思熟虑和批判性的方式进行评估是一项至关重要的生活技能，它可以帮助人们做出更明智的决策，识别虚假新闻，避免被虚假广告欺骗，不一而足。

简而言之，心理学家开发了研究心智的一套独家装备。认识这些技艺，可以为人们配备一套批判性思维技能，这些技能在学术领域和日常生活中都必不可少。在前一章，我们发现运用这些方法进行的研究如何揭示关于人类心智的重要见解；下一章，我们将了解这套独家装备如何让心理学家略行破除神话之功。

第三章

破除神话

***

杂志、报纸、社交媒体和网站经常包含心理学方面的信息。因此，公众不断遭受有关人类心智的诱人事实、号称能揭示真实自我的测验和问卷以及改善生活的海量建议的"狂轰滥炸"。心理学家审视了一些最经久不衰、普遍信奉的说法，常常发现它们只不过是神话而已。本章中，我们来查看这项重要工作的若干事例，包括测谎的真相，你是否只使用了大脑的10%，你的未来是否上天注定。

我会对你撒谎吗？

从古至今，人们想方设法试图发现某个人有没有隐瞒真相。是否有可能通过监测人的生理机能来识别谎言？其中一些工作对此进行了探究。对这一想法的实验性研究始于 20 世纪 20 年代，心理学家帮助制作了测谎仪，记录人们被盘问时的血压。多年来，该领域的研究人员开发了更为复杂的仪器，并设计了若干提问形式。然而，许多心理学家对这种方法的准确性提出了质疑，比如，他们指出，一些骗子撒谎时不会变得紧张兮兮，一些讲真话的人连上这些设备后反而会变得焦虑不安。[1]尽管受到质疑，测谎仪还是频频出现在电影和电视节目

---

1 参见美国国家科学研究委员会：《测谎仪与测谎》，华盛顿特区：美国国家学术出版社，2003 年。

中，因此公众依旧认为，使用测谎仪是戳穿谎言的万全之策。

有些研究人员和作家采取了不同的方法，他们声称撒谎确实与某些类型的肢体语言和面部表情相关。其中最广为信奉的说法是关注人们的眼球运动，据称人们撒谎时更有可能抬头看右边，而说真话时更有可能抬头看左边。几年前，我和同事对该说法进行了检验。[1]

在第一项研究中，我们交给学生一部手机，让他们带到附近的办公室。半数学生按指令要把手机放在办公室橱柜里，另一半则要把它藏进口袋里，然后要求学生尽力让面试者相信他们把手机放在橱柜里了。这一做法确保了半数学生在面试时说的是真话，还有一

---

[1] 理·怀斯曼、卡·瓦特 [C. Watt]、L. 滕·布林克 [L. ten Brinke]、S. 波特 [S. Porter]、S.-L. 库珀 [S.-L. Couper]、C. 兰金 [C. Rankin]：《眼睛并未如此：测谎与神经语言程序学》，载《公共科学图书馆·综合》2012 年第 7（7）期，e40259。

半在撒谎。我们对面试进行了拍摄，然后仔细统计每个学生抬头看左看右的次数。我们没有发现任何证据能表明撒谎或说真话与这两种眼球运动模式有确凿的联系。

在第二项研究中，我们走出实验室。在备受关注的失踪人员案件中，警方有时会鼓励家属举行新闻发布会，并呼吁公众提供有关其失踪亲人的信息。其中有些案件，后来出现了强有力的证据表明，新闻发布会上的某个家属犯下罪行，也就是说在呼吁时撒了谎。我们拿到了新闻发布会的录像（事后表明录像里的家属有的在撒谎，有的说了真话），然后统计家属抬眼向左或向右看的次数。同样，研究结果并不支持"撒谎者或说真话的人特别可能会朝某个方向看"这种说法。

审视撒谎如何影响其他类型的言语行为和非言语行为的研究取得了更多积极成果。一些研究表明，撒谎者往往话不多，少用第一人称代词，更为犹豫，听上去紧张焦虑。[1]尽管这项工作多在西方国家进行，但有些研究涉及更多样化的群体和文化。例如，两项大型国际研究（参与者来自七十多个国家，讲四十多种语言）就人们对事关撒谎的行为变化所持的普遍看法进行了分析。[2]这项工作揭示出一些文化差异，但也透露了一个普遍看法，即认为撒谎者往往会转移视线。

简而言之，撒谎者朝右上方看的观点没有得到科学的支持。然而公众仍然相信这个神话，而且基本上没意识到已有研究发现了识别欺骗的更可靠的行为指标。

---

[1] 对该项研究的综述见 A. 弗赖 [A. Vrij]、M. 哈特维希 [M. Hartwig]、P.A. 格兰哈格 [P.A. Granhag]：《看破谎言：非言语交流与欺骗》，载《心理学年鉴》2019 年第 70（1）期，第 295—317 页。

[2] 全球欺骗行为研究小组：《谎言的世界》，载《跨文化心理学杂志》2006 年第 37（1）期，第 60—74 页。

你真的只使用了 10% 的大脑吗?

威廉·詹姆斯 [William James] 促成奠定了美国理论心理学的基础。詹姆斯 1842 年生于纽约市,在哈佛大学度过了大部分职业生涯,研究了各种引人入胜的话题,包括超自然现象、意识和相信的意愿。许多研究人员认为,詹姆斯可能不经意间还对心理学做出了另一个同样持久但价值稍低的贡献。1906 年,他在美国哲学协会发表演讲并指出:"我们只利用了一小部分潜在的身心资源。"这句话不太会引起争议,可谓正确无疑。然而,詹姆斯的话历经多年似乎被夸大了,并慢慢演变成"我们只使用了 10% 的大脑"这个说法。

几年前,巴里·拜尔斯坦 [Barry Beyerstein] 概述了质疑这一流行神话的若干研究方向。

例如，拜尔斯坦指出，如果"10%"的说法正确，损害大脑就不太可能造成任何严重后果。实际上，大脑相对较小的区域受过创伤后，人们的思维和行为往往会发生深刻变化。研究人员监测了各种任务（如记忆一批单词或做梦）期间的大脑活动，发现在大多数任务期间，大脑的几乎每个部分都表现出某种程度的活性。大量研究还将电极植入大脑并测算每个细胞的活性。这些研究表明，整个大脑普遍处于激活状态。简而言之，"我们只使用了10%的大脑"这个说法，大众可能普遍信奉，但不过是个神话而已。

资料来源：B.L. 拜尔斯坦：《"我们只使用了10%大脑"的神话从何而来？》，载S. 德拉·萨

拉 [S. Della Sala] 编：《心智神话：关于心智与大脑的流行假说探究》，伦敦：威利出版社，1999年，第3—24页。

上天注定

占星师绘制"本命星盘"（从一个人出生的时间和地点看到的天体运行图），并声称他们可以据此洞察此人品性及其生平大事。20世纪50年代以来，心理学家在受控条件下对此观念进行了检验，而这些研究结果相当一致。

有的工作是让占星师绘制某个人的星象图，向他们出示若干人（包括刚刚让占星师绘制过星象图的那个人）的生平履历，并问占星师哪份履历与星象图最匹配。假如占星师的说法正确，就该一致选择让他们绘制了星象图的那个人的履历。然而，几项研究的结果显示，这与随意瞎猜没啥两样。还有的研究会告诉占星师若干人的生日，请他们为每个人绘制星象图。然后，把这些星象图展示给相关个人，并请他们选择描述自己最准确的那张星象图。如果占星术有根有据，每个人就应该能有把握地辨别出自己的星象图。而几项研究的结果再次表明，选择近乎随机。

在更宽泛的层面上，媒体占星师往往会发表专栏，简要预测每个星座每日、每周、每月、每年的运势。研究表明，假如去除星座标签，人们就无法有把握地辨别出对自己的预测。例如，在一项研究中，近700名学生收到关于前一天的预测，星座标签已去除，他们要选出与自己生活中的事件最相吻合的预测[1]。学生的成功率比随机选择还要差点。

---

[1] S.K. 娄尔 [S.K. Lower]：《姑且充分严肃对待占星术所言》，载《自然》2007年第447期，第538页。

有些对占星术更细致的检验涉及"时间双胞胎"。根据占星术,同一时间、同一地点出生的人应该彼此非常相似。为了验证这一说法,杰弗里·迪恩和伊万·凯利[Ivan W. Kelly]研究了1958年出生于伦敦的2100人的详细情况。[1] 逾70%的人出生时间相隔不超过5分钟,只有4%的人出生时间相隔15分钟以上。该数据库有每个人11岁、16岁和23岁时一百多项相关测量数据,包括他们的考试成绩、父母或老师的评分、能力自评和体格数据。迪恩和凯利按出生顺序对这些人进行排序,并在列表中自上而下计算两两一对在每项测量中的相似度。他们发现预测的相似性并不存在。实际上,同一时刻出生的人并不比出生时间上相隔很远的人更相似。

但假如占星术不正确,为什么那么多人相信他们的

---

[1] 综述见杰·迪恩、I.W. 凯利:《占星术与意识和超心理有关吗?》,载《意识研究杂志》2003年第10(6—7)期,第175—198页。

本命星盘读解准确无误？伯特伦·福勒[Bertram Forer]20世纪40年代进行的一项研究给出了部分答案。[1] 在这项现已成为经典的研究中，福勒先在报摊买了本占星书，并选择了类似以下几句话：

> 你需要别人喜欢你、仰慕你，但你对自己往往很挑剔。你的才干很多都没有发挥出来，这些才干尚未成为你的优势。有时你会严重怀疑自己是否决策正确、是否行事妥当。你善于独立思考，也为此自鸣得意，如果没有令人满意的证据，你不会采纳别人的意见。有时你性格外向、平易近人、善于交际，而有时你性情内敛、谨小慎微、不苟言笑。你的一些抱负往往有点不切实际。

---

1 伯·福勒：《个人验证的谬误：对易于受骗的课堂演示》，载《变态心理学杂志》1949年第44期，第118—121页。

福勒让大学生完成一项性格测试；然后告诉他们，根据得分，他交给每个学生独有的性格描述，但这段内容其实研究前就准备好了。出乎意料的是，几乎每个学生都觉得性格描述非常准确。多年来，这一结果被重复验证多次，还有些研究探讨为什么人们会觉得此类表述如此适用。有几个因素在起作用。例如，有些表述是奉承话（你的才干很多都没有发挥出来），有些则自相矛盾（平易近人、善于交际但谨小慎微、不苟言笑）。和占星术读解一样，读者以为它们只对个人有效，却没有意识到它们适用于大多数人。有的研究表明，人们往往对读解中貌似准确的部分印象深刻，对不准确的部分视而不见，被毫无意义的套话蒙蔽了双眼。

就个人而言，我并不相信占星术真的灵验；不过我是处女座，我们处女座可是出了名的爱猜疑。

吃爆米花

众多网站讲述了一个引人注目的实验，是关于潜意识广告的。据这些报道，20世纪50年代，美国市场调研人员詹姆斯·维卡里[James Vicary]到访一家电影院，并安排电影放映时让"喝可乐"和"吃爆米花"这两个词在银幕上短暂闪现。这些图像只投射了几分之一秒，因此观众无法有意识地看到。然而，这些隐秘信息显然导致饮料和食品销售大幅增长。

这些发现引起一些研究人员的兴趣，他们对所谓潜意识广告的威力进行了自主研究，但未发现任何明显影响。为什么维卡里的研究明明取得积极结果，而后续实验却未能证明潜意识广告的威力？多年后，维卡里承认，他的研究仅有少数人参与，做法也不够完善。实际上，有些研究人员认为这是一场骗局，可能根本就没发生过。

出处：T.E. 摩尔 [T.E. Moore]：《潜意识感知：事实与谬误》，载《善疑好问》[*Skeptical Inquirer*]，1992 年第 16 期，第 273—281 页；M.L. 德·弗勒 [M.L. De Fleur]、R.M. 彼得罗夫 [R.M. Petranoff]：《对潜意识说服的电视测试》，载《公共舆论季刊》，1959 年第 23 期，第 168—180 页。

记忆神话

许多人认为他们的记忆是对往事的准确描述。然而，大量心理学研究表明，这是一个神话。20 世纪 50

年代,研究人员就此话题进行了一项早期实验,参与者是观看了美国达特茅斯大学橄榄球队和普林斯顿大学橄榄球队这两支队伍比赛的学生。这场比赛踢得异常粗野,致使球员纷纷伤筋断骨。赛后,艾伯特·哈斯托夫 [Albert Hastorf] 和哈德利·坎特里尔 [Hadley Cantril] 采访了双方球迷,发现他们对比赛的记忆截然不同。[1] 例如,约 30% 的达特茅斯队球迷认为是他们的球队挑起粗暴打法,而持相同观点的普林斯顿队球迷超过 80%。同样,不到 10% 的达特茅斯队球迷认为他们的球队过于粗野,而持相同观点的普林斯顿队球迷则超过 30%。许多记忆实验都得出此类发现,并表明人们的信念和先入为主的观念如何导致他们记错往事。这种误差还会随着时间推移而有增大之势;有些研究表明,人们回忆往事

---

[1] 艾·哈斯托夫、哈·坎特里尔:《他们看了一场比赛:个案研究》,载《变态心理学与社会心理学杂志》1954 年第 49 期,第 129—134 页。

时，他们的记忆往往基于对该事件的最后描述，而非其最初经历。

另有研究表明，人们有可能形成细致入微但完全错误的记忆。例如，在一项研究中，金伯利·韦德和同事邀请人们参与一项关于童年记忆的研究。[1]研究人员偷偷使用每位参与者的童年相片制作成他们乘坐热气球旅行的虚假影像。在数次采访过程中，研究人员向参与者出示假照片，并请他们描述对这一子虚乌有的经历的记忆。在首次采访中，大多数参与者称自己记不起这次旅行了。研究人员鼓励他们努力回想，到了最后一次采访，大约半数参与者对虚构的热气球之旅进行了详细描述。韦德的工作建立在伊丽莎白·洛夫特斯等人开创性研究的基础上，洛夫特斯等人说服参与者回忆起童年时

---

[1] 金·韦德、M. 加利 [M. Garry]、J.D. 里德 [J.D. Read]、D.S. 林赛 [D.S. Lindsay]：《一图胜千谎：用假照片炮制虚假童年记忆》，载《心理规律公报和评论》2002 年第 9 期，第 597—603 页。

没有发生过的其他事件，诸如在购物中心迷路、高烧住院、不小心打翻一大碗潘趣酒搅黄了喜宴。[1]

虽然我们有些记忆准确无误，但很多记忆受到歪曲、不足为信。记忆研究专家乌尔里克·奈瑟尔甚至将回忆行为比做古生物学家挖掘出几块恐龙骨骼化石，然后据此力求弄明白恐龙的模样。这个过程涉及大量的推测和猜想，故而容易产生偏差，甚至可能导致对从未发生过的事情描述得有鼻子有眼。

破除神话势在必行

凯利·麦克唐纳 [Kelly Macdonald] 和同事发现，笃信心智神话人数之多令人咋舌。在一

---

[1] E.F. 洛夫特斯、J.E. 皮克雷尔 [J.E. Pickrell]：《虚假记忆的形成》，载《精神病学年鉴》1995年第25期，第720—725页；亦参见 I.E. 海曼、T.H. 赫斯本德 [T.H. Husband]、F.J. 比林斯 [F.J. Billings]：《对童年经历的虚假记忆》，载《应用认知心理学》1995年第9期，第181—195页。

项研究中，他们请3000多位公众人士评估自己对描述各种心理学现象的说法有多相信。有些现象得到科学证实，而有些纯属神话。参与者对许多神话深信不疑。例如，超过75%的公众人士认为，读写障碍的常见症状是倒着看字母（并非如此）；超过35%的人确信人们只使用了大脑的10%（并非如此）。

令人担忧的是，这项研究还表明，笃信心智神话的教师及神经科学毕业生比例较高，例如，超过30%的教师认为人们只使用大脑的10%，而50%的神经科学家赞同读写障碍的说法。在类似研究中，理查德·贝利[Richard Bailey]和同事请五百多名体育教练完成了一项调查，他们在调查中表明了自己对神经科学的认知度，并对六个神话（如"我们只使用了大脑的 10%"）的准确性进行了评估。总体而言，教练对几乎超过 40% 的神话表示赞同。更令人担忧的是，那些声称对大脑所知较多的教练赞同的神话更多！笃信程度之深令人震惊，有些心理学家开始探究为何此类神话得以存续并广为流传，一些研究表明，人们告诉别人这些神话，以显示特别有学问。

出处：凯·麦克唐纳、L. 杰明 [L. Germine]、A. 安德森 [A. Anderson]、J. 克里斯托多罗 [J. Christodoulou]、L.M. 麦格拉斯 [L.M. McGrath]：《祛除神话：受过教育或神经科学培训会减少但不会消除对神经神话的信仰》，载《心理学前沿》，2017 年第 8 期，第 1314 页；R.P. 贝利、D.J. 马迪根 [D.J. Madigan]、E. 科普 [E. Cope]、

A.R. 尼科尔斯 [A.R. Nicholls]:《伪科学思想和神经神话在体育教练中大行其道》,载《心理学前沿》,2018年第9期,第641页;H. 梅西埃 [H. Mercier]、真岛吉正 [Y. Majima]、H. 米顿 [H. Miton]:《伪科学信仰蔓延与传播意愿》,载《应用认知心理学》,2018年第32期,第499—505页。

完美的你

众多励志导师声称,想象完美生活将大大增加梦想成真的可能性。一些研究已经检验了此类训练的影响,结果出人意料。例如,范莲 [Lien Pham]、雪莱·泰勒 [Shelley Taylor] 与学生一起研究可视化对考试成功的影响。[1]一部分学生每天要花点时间想象在即将到来的考试中取得好成绩,而其他学生则不用进行任何形式的可视化训练。到头来,那些进行可视化训练的人花在学习上的时间少了,得分也低了。

加布里埃尔·厄廷根就这一主题进行了更多研究。在一项研究中,厄廷根和同事多丽丝·迈耶[Doris Mayer]请应届毕业生记录下他们想象毕业后得到理想工作的频次,然后对该群体跟踪调查了两年。学生对成功的幻想越频繁,他们递交求职申请的可能性就越小,两年后的收入也越少。另一项研究测试了可视化对学生恋爱经历的影响。[2]厄廷根和迈耶召集了一组学生,他们都暗恋一位同学;研究人员请他们描述在一系列想象场景中他

---

[1] 范莲、S.E. 泰勒:《从思想到行动:过程导向与结果导向的心理模拟对绩效的影响》,载《个性与社会心理学公报》1999年第25期,第250—260页。

[2] 加·厄廷根、多·迈耶:《思考未来的激励作用:期望与幻想》,载《个性与社会心理学杂志》2002年第83期,第1198—1212页。

们认为会发生什么，比如在街上偶遇一生挚爱。学生们对自己的反应进行评分，看看在想象中有多积极。比方说，假如学生想象着一场理想的约会，就给自己打高分；但假如想象在接近心上人时心生焦虑，就打低分。研究人员对这组人进行了数月的跟踪研究，发现那些幻想更积极的人在与梦中伴侣发展关系方面取得进展的可能性较小。

有些研究人员认为，想象完美生活意味着尚未在心理上为可能面临的艰难险阻做好准备。还有人认为，可视化训练会暗示人们已经实现目标，从而可能挫伤积极性。不管怎样，这些发现表明，憧憬梦想人生可能会令你自我感觉良好，却不太可能令梦想成真。

但这并不是说可视化这个工具不够强大。范莲和泰勒关于考试成功的研究有个独立部分，他们请另一组学生想象自己在做与考试成功相关的活动，比如去图书馆和学习。这些学生称，他们花了大量时间复习，最终取得的考试成绩高于对照组学生或那些只是想象考试成绩好的学生。这项技术（称为"过程可视化"）关涉想象实现目标所要采取的步骤，研究表明，它远比简单地梦想完美生活有效。[1]

心理学为什么重要：破除神话

许多关于人类心智与行为的说法受到普遍信奉，但缺乏可靠的科学证据支持，这些说法包括向左看还是向

---

[1] 可视化是运动教练学中常用而有效的工具，参见 R.N. 辛格 [R.N. Singer]、D. 西蒙斯·唐斯 [D. Symons Downs]、L. 布沙尔 [L. Bouchard]、D. 德·拉·佩纳 [D. de la Pena]：《过程导向与结果导向对网球成绩和知识的影响》，载《体育行为杂志》2001 年第 24 期，第 213—222 页；K.M. 金士顿 [K.M. Kingston]、L. 哈代 [L. Hardy]：《不同类型的目标对支持绩效的过程之影响》，载《运动心理学》1997 年第 11 期，第 277—293 页。

右看是判断撒谎的可靠标准,我们只使用大脑的10%,或者记忆始终是对往事的准确描述。调查显示,很大一部分公众还相信许多其他饱受质疑的观点,包括人们不是右脑型就是左脑型、催眠是揭示往昔生活的有效方式、潜意识广告富有成效、精神分裂症患者具有多重人格等说法。这方面的研究尤其重要,因为这些神话会对人们的生活产生负面影响。例如,很容易就能想到,这些观点会导致有些人冤枉朋友撒谎,或者把宝贵的时间浪费在运用无效的可视化技术上,或者找催眠师解开自己隐藏的记忆。谈到心智神话时,将科学事实与科学幻想区分开来至关重要,这也是心理学之所以重要的另一个原因。

第四章

充实并解决争论

* * *

长期以来，哲学家、政治家、神学家、作家、历史学家、科学家，还有其他许多人就广泛的心理学问题争论不休。这些争论集中在一些重要话题上，包括：人类是否真的有自由意志；大脑如何产生意识；人们为什么犯罪；种族与性别的本质；超自然能力是否存在；教育儿童的最佳方式；玩暴力视频游戏是否会让人更好斗；睡眠与做梦时发生了什么；是否有些群体的人比其他群体更聪明；善与恶的本质；以及人在多大程度上是其基因和教养的产物。心理学家进行的研究有助于充实并解决这些争论。本章中，我们将探讨这项迷人工作的几个事例，包括研究超自然能力的存在，如何更好地理解人类心智，还有意识的本质。

进入阴阳界

许多人声称自己经历过某种形式的超自然现象，比如看到鬼怪，梦中预见未来，正想着朋友、朋友电话就到了。古往今来，对这些经历一直争论不休，心理学家（包括我在内）进行的研究，对这些辩论起了推动作用。

其中一项工作研究了可能存在的超感官知觉（以通灵方式从他人、远处或未来事件获取信息的能力）。该领域的早期研究通常会测试自称有强烈超感官能力的人士，如专业通灵师和灵媒。然而事实证明，这项工作存在问题，因为其中许多人被揭穿了骗子面目。因此，当今大多数研究的参与者都是未声称会通灵的公众人士。尽管如此，这项工作仍然饱受争议，支持者和怀疑者经常就各式各样的方法论问题和统计学问题争执不下。最近一次重要争论集中在达里尔·贝姆 [Daryl Bem] 的工作上。

2011年，贝姆发布了九项实验，表明人们可以洞察未来。[1]在他最成功的一项研究中，研究人员向参与者展示了一长串单词，然后进行突击回忆测试，让他们记起尽可能多的单词。接下来，研究人员从起初的单词中随机选择了一半单词，再次展示给参与者看。贝姆的结果似乎表明，观看第二组单词对参与者之前的记忆产生了影响，因为在回忆测试中，参与者记起的大多数单词是他们后来在实验结束时看到的。我与克里斯·弗伦奇 [Chris French]、斯图亚特·里奇 [Stuart Ritchie] 合作，我们每个人都试图重复验证这项研究。[2]但是，与贝姆发布的最初研究不同，我们的实验均未出现任何超感官知觉的证据。

---

[1] 达·贝姆：《触及未来：反常回溯影响认知与情感的实验证据》，载《个性与社会心理学杂志》2011年第100（3）期，第407—425页。

[2] S.J.里奇、理·怀斯曼、C.C.弗伦奇：《未来触不可及：重复验证贝姆"回忆的倒摄促进"效应的三次失败尝试》，载《公共科学图书馆·综合》2012年第7（3）期，e33423。

相比之下，有些心理学家努力重复验证了贝姆的一些研究，并取得正向成果。[1]大约同一时间，研究人员开始从各种方法论和统计学角度批评贝姆的研究。[2]贝姆等人最终决定对所谓的这一现象进行几项大规模研究，以帮助解决这一问题。[3]这些研究既未容纳与初始研究相关的许多潜在议题，得出的也是零结果，因此并不支持超感觉知觉的存在。多年来，怀疑论者一直认为，对所谓

---

1 达·贝姆、P. 特莱索尔迪 [P. Tressoldi]、T. 拉贝隆 [T. Rabeyron]、M. 达根 [M. Duggan]:《触及未来：90 次对随机未来事件非常规预测实验的荟萃分析》，载《F1000 研究》2015 年第 4 期，第 1188 页。

2 参见 E.J. 沃根梅克斯 [E.J. Wagenmakers]、D. 韦策尔斯 [D. Wetzels]、R. 博尔斯布姆 [R. Borsboom]、H.L. 范·德·马斯 [H.L. van der Maas]:《为什么心理学家必须改变其分析数据的方式：超心理能力案例·论贝姆（2011 年）》，载《个性与社会心理学杂志》2011 年第 100（3）期，第 426—432 页。

3 M. 施利茨 [M. Schlitz]、达·贝姆、D. 马库森—克拉维茨 [D. Marcusson-Clavertz] 等:《时间反演（超心理能力）启动任务的两项复证研究和预期在反应时间中的作用》，载《科学探索杂志》2021 年第 35（1）期，第 65—90 页。

超自然现象的研究经常表现为同一模式——最初的研究产生了正向成果，但事实证明，这些发现在更为可控的状态下难以重复验证。这项工作的支持者则反对该观点。[1]

围绕贝姆研究的争议对当代心理学产生了意想不到的影响。该研究首次受到批评时，一些研究人员指出，某些主流心理学实验也存在同样类型的缺陷。例如，研究人员应该在开始实验前就确定如何分析数据，然后坚持按该计划行事，这样才能有助于预防可能出现的偏差。批评人士认为，有些研究人员查看数据之后再决定进行哪些统计检验，这就会使其实验结果出现偏差。因此，应该鼓励研究人员在开展研究前对计划好的分析工作正式预先备案。在某种程度上，由于贝姆引发的争

---

[1] 参见 J. 阿尔科克 [J. Alcock]：《给零假设一次机会：对存在超心理能力保持怀疑的理由》，载《意识研究杂志》2003 年第 10（6—7）期，第 29—50 页；E. 卡德纳 [E. Cardeña]：《超心理学现象的实验证据：综述》，载《美国心理学家》2018 年第 73（5）期，第 663—677 页。

议，如今预先备案在心理学界更为常见，并有助于提升研究质量。

主流心理学从研究超自然能力中得益，绝非仅此一例。例如，在20世纪初，德国科学家汉斯·贝格尔[Hans Berger]迷上了心灵感应说，并试图制造一种机器，能够探测从人类大脑发出的思维。经过多年努力，贝格尔最终弄明白如何通过在头皮上放置几个传感器来监测人的大脑活动。他从未证明心灵交流的存在，而他发明的非凡技术（被称为"脑电描记术"，简称"EEG"）在科学与医学方面都极其重要。

数百年来，人们一直对看似超自然的经历争论不休。心理学家通过研究所谓的特异功能，为这场辩论作出了重要贡献。在我看来，这项工作并不支持超感官知觉的存在，但它对主流科学和心理学的贡献出乎意料而又非常重要。

你认为自己是谁?

多年来,众多伟大的思想家一直在争论如何更好地看待人类的基本天性,心理学家通过开发和测试几种不同的思维模式为这场辩论作出了贡献。其中每种方法都对研究人员所研究主题的类型及其研究方式产生了影响,从而改变了心理学的属性。也许最重要的是,这些不同的思维模式也改变了人们看待自己和他人的方式,并有助于改进社会,包括教育与社会政策、公民权利、法律实施以及心理健康问题的解决之道。本节中,我们将简要介绍心理学家提出的七个主要视角。

第一,生物学视角探讨了如何通过研究大脑活动、遗传学、荷尔蒙等来解释经验与行为。该领域的工作可能涉及诸如使用扫描技术来辨识人们完成某些心理任务时大脑哪些部分特别活跃,调查某些心理特质的遗传程度,或者检验荷尔蒙如何影响情绪。从这个视角看,你就是你的大脑和身体。

第二，心理动力学视角关注潜意识如何影响思维、感觉和行为。西格蒙德·弗洛伊德 [Sigmund Freud] 对该方法进行了开创性研究，包括试图识别精神关键组成部分（他称之为"自我""本我"和"超我"）的研究，以及探究童年经历如何决定成年生活。在创造一种被称为精神分析的谈话疗法方面，弗洛伊德也发挥了关键作用。现代心理动力学观点已经同弗洛伊德当初的想法渐行渐远，但依然强调你的潜意识如何决定你的经历和自我意识。

第三，行为主义。19世纪末，伊万·巴甫洛夫 [Ivan Pavlov] 进行了一系列至今闻名的研究，研究中，他在给狗喂食时摇了摇铃，发现最终狗仅仅听到铃声就会流口水。这项研究表明，狗的行为可以由外部刺激左右。几年后，心理学家开始将这种方法应用于人类。他们没有研究心智，而是关注行为如何成为奖惩的结果。根据这种方法，你就像是机器人，以可预测的方式对周围环境做出反应。

第四，认知视角的出现，在一定程度上是对行为主义的反动，并将焦点转移到了内部心理过程上。认知心理学家研究人们如何处理信息，以及如何解释一系列现象，包括感知、学习、注意力、解决问题、决策、记忆、说话与阅读。从这个视角看，你的意识如同计算机，输入数据、处理数据、输出数据。

第五，社会文化分析注重情境和文化的力量。社会心理学家研究的主题广泛，包括人们如何与他人相互影响、遵守社会规范、创造社会身份认同、在群体中行事、变得咄咄逼人、流露偏见以及相互帮助。更宽泛而言，这种方法探讨了文化因素如何影响人们的思维和行为，并促使研究人员认识到多样性和文化在其工作中的重要性。从这个视角看，你就是周围环境和文化的产物。

第六，进化心理学关注思维和行为如何经由自然选择发展，并帮助人类生存繁衍。这项研究探讨进化过程如何对一系列现象形成深刻见解，这些现象包括性吸引与交配、分享与合作、面部知觉、情感、语言习得以及区分亲缘和非亲缘的能力。这种分析将你视为进化历程的产物。

第七，还有人文主义分析。其他大多数视角对人类都采用了一种普适观（即它们试图找到适用于大多数人的普遍法则），而人文主义分析认为每个人都是独一无二的，并与时俱进。这种视角出现在20世纪50年代，与卡尔·罗杰斯[Carl Rogers]和亚伯拉罕·马斯洛[Abraham Maslow]的开创性工作有关，强调个人自主、幸福、快乐和自我实现。根据人文主义分析，你独一无二，有成长空间，拥有选择自己人生道路的自由意志。

有个故事众所周知，说的是三个人蒙上眼睛，被带进一个房间，房间里有头大象。他们要弄清楚面前是什么。一个人摸到象鼻子，认为房间里有条蛇。另一个人碰到象腿，就认为他们周围是树干。最后一个人把手放在象尾上，觉得那是一根绳子。在我看来，这个故事同样适用于各种思维模式。没有单单哪种分析就能完整、全面地描述人是什么。相反，每个视角只是体现了某个更大真理的一部分。有时我们的行为是自己进化历程的产物，有时是周围环境所致；有时我们被潜意识驱使，有时又受到以往奖赏的激励；有时我们的思维受到荷尔蒙的影响，有时则被情绪左右。只有理解了这些不同的方法，我们才能对"我们到底是谁"有更全面、更准确的认识。

也许是场梦

自古以来，人们都在思索我们为什么会做梦。古希腊时代，人们普遍认为梦里有着神灵发出的重要谕示，或者认为梦是灵魂出窍所致，或者代表某种预言。大约

20世纪初，西格蒙德·弗洛伊德认为，人们的梦反映了其无意识的愿望和欲望，因此可以在治疗过程中充当宝贵的信息来源。最近的心理学研究揭示了关于大脑做梦的一些重要见解。

从20世纪50年代起，研究人员开始将人们与脑电图机连接起来，并彻夜监测其大脑活动。在睡眠周期的某些时刻，参与者的大脑活动突然加剧，他们的眼睛左右扫动。这种状态称为快速眼动睡眠期（简称快动眼[REM]睡眠）。不仅如此，倘若参与者在快动眼睡眠期间或刚结束时被叫醒，他们极有可能会讲述梦境。多年来，科学家们运用这项技术发现了一些有关做梦的重要见解，包括大多数梦反映了人们日常生活中发生的事情、许多梦带有某种形式的负面情绪等事实。此外，研究人员还开始探索与做梦相关的一些心理过程。

一些艺术家、作家和科学家描述了他们梦中得来的创意。例如，罗伯特·路易斯·史蒂文森[Robert

Louis Stevenson] 梦到了《化身博士》[*The Strange Case of Dr Jekyll and Mr Hyde*] 的情节，玛丽·雪莱 [Mary Shelley] 也同样受到梦的启发，创作了小说《弗兰肯斯坦》[*Frankenstein*]。此外，化学家德米特里·门捷列夫 [Dmitri Mendeleev] 在一场梦后发明了现代元素周期表，奥古斯特·凯库勒 [August Kekulé] 梦见一条蛇咬住自己的尾巴后，发现了苯的环状结构。研究人员对这些经历深感兴趣，开始进行研究，探索创造力与做梦之间的潜在联系。

在一项研究中，马修·沃克 [Matthew Walker] 及同事邀请志愿者进入睡眠实验室，并在夜间多次叫醒他们。[1] 每次醒来，参与者都要尝试破解几个相同字母异序

---

1 M.P. 沃克、C. 利斯顿 [C. Liston]、J.A. 霍布森 [J.A. Hobson]、R. 斯蒂克戈尔德 [R. Stickgold]：《睡眠—觉醒周期的认知灵活性：快动眼睡眠促进破解相同字母异序词》，载《大脑研究》2002 年第 14（3）期，第 317—324 页。

词(例如,他们可能要将字母 TSOBO 重新排列成单词 BOOST)。有时参与者从非快动眼睡眠中醒来,有时在快动眼睡眠中被叫醒。从非快动眼睡眠中醒来时,他们只破解了少量相同字母异序词;而从快动眼睡眠中醒来时,他们破解了更多字谜。许多参与者声称,答案似乎突然就从脑海中浮现出来。

还有研究表明,梦中得来的创造性想法可能有助于人们解决生活中的重要问题。哈佛大学睡眠研究专家黛德丽·巴雷特 [Deirdre Barrett] 所进行的研究中,面临人生关键抉择(比如职业或人际关系的改变)的人会得益于梦里出现的见解与合适的解决方案。[1] 同样,精神治疗医师克拉拉·希尔 [Clara Hill] 和同事探究了做梦如何帮助人们处理各种各样的心理问题,如自卑、人际关系紧

---

[1] 黛·巴雷特:《"睡眠委员会":孕育解决问题之梦研究》,载《做梦》1993 年第 3(2)期,第 115—122 页。

张和抑郁。[1] 最近，迈克尔·奥尔森 [Michael Olsen] 等人对六百多名参与者进行了调查，了解他们的睡梦对生活有何影响[2]。60% 出头的参与者承认他们做过"有益"的梦，许多人描述了这种经历如何帮助他们做出人生重大抉择。

数千年来，学者们一直在思索梦的本质。这种奇怪的意识状态可能具有多重功用。不管怎样，如今大量心理学研究表明，梦在创造性思维中起着重要作用，可以帮助人们找到重大问题的创新解决方案。

---

[1] C.E. 希尔、J. 扎克 [J. Zack]、T. 旺内尔 [T. Wonnell] 等：《对梦魇缠身及近期遭受损失的病患采取以梦或损失为重点的结构化疗法》，载《咨询心理学杂志》2000 年第 47 期，第 90—101 页；M.R. 科查奇安 [M.R. Kolchakian]、C.E. 希尔：《为异性恋约会情侣解梦》，载《做梦》2022 年第 12（1）期，第 1—16 页。

[2] M.R. 奥尔森、M. 施里德 [M. Schredl]、I. 卡尔森 [I. Carlsson]：《清醒状态（非治疗环境）下有意识利用梦境进行决策、解决问题、态度形成和行为改变》，载《做梦》2020 年第 30（3）期，第 257—266 页。

电击科学

学者和作家长期以来一直在争论为什么有人企图杀害、伤害他人。我们是否都有可能这么做？还是只有那些凶残暴戾者才会犯下如此行径？20世纪60年代，斯坦利·米尔格兰姆 [Stanley Milgram] 进行了一系列极具争议的研究，为这场争论作出了巨大贡献，这些研究后来几乎在每本心理学教科书中都有一席之地。

米尔格兰姆设计了这些研究，并通过单向透视镜暗中观察大部分过程。有个实验颇具代表性，参与者被告知将加入一项关于惩罚对学习影响的研究。他来到实验室，实验人员向他介绍一个人，看上去像是另一位志愿者。这位貌似的志愿者其实是演员，为该研究团队工作。接下来，真正的参与者和演员被指派分别充当"教师"和"学生"的角色。他们两人身处不同房间，但能互相听见。实验人员请"老师"朗读出几个单词组合（如

dog-curtains[开口帘布]），让"学生"记住。然后，吩咐"老师"读出每个组合里的第一个单词，"学生"要试着回忆起第二个单词。如果"学生"错了，"老师"就要揿下按钮惩罚他们，揿下这个按钮貌似会实施电击。电击仪器上的标记表明，随着研究的继续，电击强度不断增加。但其实并没有电击，"学生"根据预先安排的脚本进行表演。最初几次"电击"后，"学生"开始尖叫。随着实验的进展，"学生"提出心脏有问题，最后拒绝继续下去。尽管"学生"那边没了声音，实验人员还是敦促"老师"继续不断加重实施电击。

米尔格兰姆进行了许多版本的实验。在这些众所周知的研究中，大约65%的参与者准备对"学生"施加最大强度的电击，尽管仪器上的按钮贴上了"危险：剧烈电击"和"XXX"的标签。米尔格兰姆认为，这些发现表明，假如某个权威人士发号施令，准备给他人施加巨大痛苦的人数之多出乎意料。

多年来，米尔格兰姆的电击研究招致大量争议，这也许不足为怪。一些评论对这项研究的伦理层面提出质疑，这最终促成制定准则，旨在防止参与者在心理实验中经受严重不适。还有批评集中在米尔格兰姆所用的方法上。例如，吉娜·佩里[Gina Perry]研究了米尔格兰姆的原始研究材料，认为有些志愿者不相信实验装置是真实的，故而知道他们并没有真正施加有害电击。[1]佩里还指出，尽管米尔格兰姆称实验人员使用了四种口头提示来敦促"老师"继续（例如"请继续"和"绝对有必要继续下去"），但他们往往施加了更大的压力。

该研究的支持者指出，多年来实施了许多版本的米尔格兰姆研究，结果往往大致相似。[2]虽说这项研究的

---

[1] 吉·佩里：《电击仪器背后：关于声名狼藉的米尔格兰姆心理学实验的尘封往事》，纽约：新出版社，2013年。

[2] 托·布拉斯：《35年之后的米尔格兰姆范式：关于服从权威，我们如今所知道的一些事》，载《应用社会心理学杂志》1999年第29（5）期，第955—978页。

参与者相对较少,但它在许多不同国家和不同文化中进行,包括意大利、德国、约旦、南非和澳大利亚。其中一个最具戏剧性的翻版发生在法国电视上,参与者认为自己在参加一个游戏节目。[1] 在节目主持人和演播室观众的怂恿下,80%的参与者实施了电击,这些电击假如是真的话,可能会闹出人命。

有些研究人员认为,米尔格兰姆的实验结果反映的是真实情况,但不赞同他对其发现的解释方式。米尔格兰姆认为,参与者似乎进入"代理状态",在这种状态下,他们一味服从权威,以至于对自己的行为毫不知晓。相反,斯蒂芬·莱谢尔及同事提出,参与者之所以实施电击,是因为他们认同实验人员,并相信他们促成

---

[1] J.L. 博瓦 [J.L. Beauvois]、D. 库尔贝 [D. Courbet]、D. 奥伯莱 [D. Oberlé]:《电视节目主持人的合法权力:电视游戏节目语境下的米尔格兰姆服从范式变体》,载《欧洲应用心理学评论》2012年第62(3)期,第111—119页。

了诸如科学进步之类的更高利益。[1] 为了证明后一种观点，斯蒂芬·吉布森 [Stephen Gibson] 对米尔格兰姆的录音和文字记录进行了定性分析，并得出结论，实验人员勒令参与者听命服从继续电击时，收效最差。[2]

米尔格兰姆的研究引发了对几个重要话题的大量争论，包括好人是否会被说服去伤害他人，我们对权威人士有多顺从，以及心理学研究的伦理边界。正如米尔格兰姆传记的作者托马斯·布拉斯 [Thomas Blass] 所指出的那样，无论这些争论结果如何，他的研究无疑都震惊了世界。[3]

---

[1] S.D. 莱谢尔、S.A. 哈斯拉姆 [S.A. Haslam]、J.R. 史密斯 [J.R. Smith]：《为了实验人员而努力：将米尔格兰姆范式中的服从重新定义为认同式追随》，载《心理科学展望》2012 年第 7 期，第 315—324 页。

[2] 斯·吉布森：《米尔格兰姆的服从实验：修辞分析》，载《英国社会心理学杂志》2013 年第 52 期，第 290—309 页。

[3] 托·布拉斯：《震惊世界的人：斯坦利·米尔格兰姆生平及遗产》，纽约：基础书局，2004 年。

左右难决

20世纪60年代,美国外科医生发明了治疗癫痫的新方法。[1]大脑由两个半球构成,两个半球通过一束束神经纤维相互连接,这些神经纤维称为胼胝体。癫痫发作期间,过度的大脑活动有时会从一个半球迅速扩散到另一个半球,医生想知道切除胼胝体是否有助于预防这种问题。他们对几个病人动了手术,手术相当成功。

迈克尔·加扎尼加和罗杰·斯佩里 [Roger Sperry] 想知道这些所谓的"割裂脑"病人是否有助于揭示对意识之谜的独特见解。为充分理解其非凡实验,我们首先要了解大脑两半球与身体两侧之间的关系。通常,大脑右半球接收来自左侧视野的图像,并控制身体左侧;同

---

[1] 对此项工作的总结,见 M.S. 加扎尼加:《割裂脑》,纽约:阿普尔顿—世纪—克罗夫茨出版社,1970年。

样，左半球接收来自右侧视野的信息，并控制身体右侧。正常情况下，这种视觉信息和身体控制通过胼胝体在两半球之间快速运动，因此需要大脑两半球参与。然而，在"割裂脑"病人身上，胼胝体的缺失阻止了这种共同参与。有些研究要求参与者盯着屏幕中间的一个圆点，与此同时，研究人员在圆点两侧亮出一张图片。研究人员在圆点右侧亮出某个物体的图片时，信息会传向参与者的大脑左半球。由于大多数人的语言中枢位于大脑左半球，因此他们声称看到这张图片也就不足为奇了。然而，当同一张图片在圆点左侧闪现时，信息传到了参与者的大脑右半球，他们说什么也没看到。从表面上看，这些结果表明参与者没有自觉意识到该图像。然而，情况远非如此。

在另一组研究中，研究人员再次在圆点左侧亮出一张图片，参与者也又一次否认看到任何东西。不过，这一次，研究人员向参与者出示了几个物体，并要他们用左手指向其中任何一个物体。尽管参与者感觉自己是随机指的,但他们经常会选择闪现在圆点左侧的那个物体。例如,屏幕左侧可能会闪现"苹果"一词,接着会向参与者出示各种物体,并请参与者用左手指向其中一个物体。参与者会说,他们没有在屏幕上看到图片,但还是指向了苹果。该效应有个版本尤其令人印象深刻,研究人员在屏幕左侧向参与者显示"得克萨斯"一词,参与者否认看到任何东西,接着请参与者用左手随意作画。值得注意的是,他画了一顶牛仔帽。更有意思的是,参与者解释他们的选择和画作时,往往试图为自己的行为辩解,比如称自己如何刚好喜欢苹果或牛仔帽。

这些发现引出了关于意识本质的迷人问题。一些研究人员认为,割裂大脑实质上造就了两种分离的意识体。大脑左半球的"人"能够说话并支配参与者的自我感觉,而右半球的"人"不会说话,但可以完成相对复杂的任务,如图片辨识和绘画。这种解释提出了一系列引人入胜的哲学问题。例如，大脑右半球的"人"是否有意识？假如有，意识到的是谁？那些没有切除胼胝体的人是否也这样？

多年来，这项工作引发大量争论。[1]最近，一些研究人员重新测试了部分"割裂脑"病人，认为他们的结果并不支持意识分裂的观点。反对者回应称，最初的解释是成立的，这些新发现可能是由于信息通过其他大脑结构在两个半球之间传输，或者身体的一侧向另一侧悄悄发出暗示。当下研究正在解决这些问题，这项工作为说明心理学如何生成对意识之谜的重要见解提供了有说服力的例证。

---

1 对此项工作的概述，见 V. 罗森 [V. Rosen]：《一个大脑，两种意识？许多问题》，载《本科神经科学教育杂志》，2018 年第 16（2）期，第 R48—R50 页；又见 E.H.F. 德·哈恩 [E.H.F. de Haan]、P.M. 科巴里斯 [P.M. Corballis]、S.A. 希利亚德 [S.A. Hillyard] 等：《割裂脑：我们如今知道什么？这对于理解意识为何很重要？》，载《神经心理学评论》2020 年第 30 期，第 224—233 页。

心态的力量

教育心理学家经常研究为什么有些孩子在学校表现较差,如何做才能帮助他们成长。有很多因素在起作用,包括教室大小、教育资源供给、学习态度、师资培训以及儿童的社会经济地位和家庭生活。卡罗尔·德韦克 [Carol Dweck] 率先提出了一种备受争议的方法,重点关注儿童如何看待自己的能力、本事与智识。[1]

根据德韦克的理论,通常有两种心态,儿童拥有其中一种。拥有所谓固定心态的那些人认为他们的能力和本事是一成不变的,因此不会因时而变。相比之下,那些拥有成长心态的人认为他们的能力更具可塑性,并且会因努力和经验而改变。一些研究评估了这两种不同的

---

[1] C.S. 德韦克:《心态:如何发挥你的潜能(修订版)》,伦敦:罗宾逊出版社,2017年。

心态如何影响儿童的学业成绩。例如，在一项研究中，丽萨·布莱克韦尔[Lisa Blackwell]及同事花了数年时间追踪学生学习数学的过程[1]。有着成长心态的学生一开始就比有着固定心态的学生得分更高，等课程结束，他们取得的等次明显更高。研究人员很想找到原因来解释这种耐人寻味的结果，他们探究了儿童的心态如何影响其学习。他们发现，拥有成长心态的儿童认为自己能发展、可改变，且更愿意解决富有挑战性的数学问题，并从错误中吸取教训。

在第二项研究中，研究人员考察了鼓励儿童培养成长心态对其学业的影响。实验期间，一组孩子参加了一堂简短的课程，旨在强调他们的智力和能力是可塑的。相比之下，另一组学生充当参照组，接受有关记忆和学

---

[1] 丽·布莱克韦尔、K. 特热涅夫斯基[K. Trzesniewski]、C.S. 德韦克：《内隐智力理论预测青少年过渡期成就：纵向研究与干预》，载《儿童成长》2007年第78期，第246—263页。

习的常规课程。参照组学生的学习成绩随着时间推移而下降,但是受到鼓励培养成长心态的孩子成绩则提高了。

还有研究表明,鼓励成长心态可以相当简单。在克劳迪娅·米勒 [Claudia Mueller] 和卡罗尔·德韦克进行的一项研究中,一组孩子因其先天智力受到称赞("你很聪明"),而另一组孩子则因其后天努力赢得表扬("你学习一定很刻苦")。后一组里的人往往会养成成长心态,因此,他们更有可能加倍努力工作,面对失败不言放弃。[1]

最近,一些研究人员参与了对德韦克理论的辩论与探讨。

有的研究注重复证关键结果。例如,在对中国儿童进行的一系列研究中,李越 [Yue Li] 和提摩西·贝

---

[1] C.M. 米勒、C.S. 德韦克:《夸赞智力会削弱干劲和成绩》,载《个性与社会心理学杂志》1998 年第 75 期,第 33—52 页。

茨 [Timothy Bates] 称，赞扬后天努力带来的影响超过赞扬先天能力带来的影响，这个结果他们无法重复验证。[1] 而卡罗尔·德韦克和戴维·耶格尔对这些研究的方法及统计资料提出了批评，并认为许多研究结果支持心态理论。[2] 维多利亚·西斯克 [Victoria Sisk] 及同事开展了其他工作，他们收集大量调查心态的研究，并对其进行总体分析（这种方法称为荟萃分析 [meta-analysis]）。[3] 其中一些研究检验了成长心态与学业成绩之间的关系，还有

---

[1] 李越 [Yue Li]、T.C. 贝茨：《你改变不了你的基本能力，但你致力去做，那就是我们克服难事之道：检验成长心态对回应挫折、教育成就和认知能力的作用》，载《实验心理学杂志：总论》2019 年第 148（9）期，第 1640—1655 页。

[2] C.S. 德韦克、D.S. 耶格尔：《一项简单再分析推翻"未能复证"并强调改进科学实践的机会：评李越与贝茨的论文（2019）》，未刊稿，数字对象唯一标识符 [doi]：10.13039/100000071。

[3] V.F. 西斯克、A.P. 伯戈因 [A.P. Burgoyne]、J. 孙 [J. Sun]、J.L. 巴特勒 [J.L. Butler]、B.N. 麦克纳马拉 [B.N. Macnamara]：《成长心态在何种程度、何种情况下对学术成就非常重要？两项荟萃分析》，载《心理科学》2018 年第 29（4）期，第 549—571 页。

研究考察了旨在强化成长心态的干预措施效果如何。作者认为，研究结果表明，心态与学业成绩之间的关系较弱，干预措施只产生微弱的整体效应。他们还指出，社会经济地位较低的学生以及学术处境岌岌可危的学生，养成成长心态会受益匪浅。还有研究人员对这项工作持批评态度，例如，他们指出，从其他教育干预背景下审视，其中一些结果令人印象深刻。[1] 其他工作还包括对成长心态的影响进行大规模研究并取得积极成果。例如，一项来自74个国家五十多万名学生参与的国际研究表明，在几乎所有这些国家，成长心态都与学业成绩呈正相关。[2]

还有一派的争论事关此类心态处于哪些环境和背景

---

[1] D.S. 耶格尔、C.S. 德韦克：《从成长心态的争论中可以学到什么?》，载《美国心理学家》2020年第75（9）期，第1269—1284页。

[2] 经合组织：《国际学生评估项目2018年结果》（第三卷）：《校园生活对于学生生活意味着什么》，国际学生评估项目，经合组织出版社，2019年。https://doi.org/10.1787/acd78851-en。

下特别有效。例如，戴维·耶格尔及同事对旨在激励成长心态的在线课程有何效果进行了评估。[1]来自美国公立学校的12000多名学生参与了调查，调查结果显示，这种干预会提升后进生的分数，在那些有着庆祝学业成功和培养求知欲氛围的学校尤其如此。耶格尔的其他研究表明，教师心态也会影响其学生的心态和学业成绩。[2]要懂得如何制定能发挥最大效力的干预措施，这项工作不可或缺。

简而言之，早期对德韦克心态理论的许多研究都取得了正向成果，该理念很快被世界各地的课堂采纳。这项工作引起广泛关注，该领域最近的许多研究都集中在

---

1 D.S. 耶格尔、P. 汉塞尔曼 [P. Hanselman]、G.M. 沃顿 [G.M. Walton] 等：《一项全国性实验揭示成长心态会提高成绩》，载《自然》2019年第573期，第364—369页。

2 D.S. 耶格尔、J.M. 卡罗尔 [J.M. Carroll]、J. 布昂坦普 [J.Buontempo] 等：《教师心态帮助解释成长心态干预奏效与否》，载《心理科学》2022年第33（1）期，第18—32页。

复证关键效应和确定如何更好地鼓励成长心态上。

心理学为什么重要：充实并解决争论

本章里，我们看到心理学家如何助力对重大争论加以改进、施加影响，这些争论包括探究超自然能力的存在、影响我们看待自我的方式、揭示做梦的奥秘、研究人们为何企图伤害他人、对意识形成宝贵见解以及研究如何提升儿童的学业成绩等工作。总而言之，这项重要工作阐明了心理学之所以重要的另一关键原因。

第五章

创造更美好的世界

* * *

林林总总的心理学研究目的是为了让世界变得更美好。其中一些工作注重通过帮助每个人变得更快乐、赢得资质、建立良好关系、应对心理健康问题、采纳更健康的生活方式等来丰富个人生活。还有的工作通过减少偏见和不公正、促进利他主义与平等、增加教育机会、达成积极的社会及政治政策、防止无家可归现象、促进可持续发展，旨在改善社区、改良社会。本章中，我们将探讨几个课题，以说明这项工作异乎寻常的多样性。

探究心理健康问题

设想你站在河岸边，河水湍急；突然，你看到有人被水流卷走。那人眼看着要淹死了，人们呼喊求救。身为好公民，又是游泳健将，你迅速跳入水中，把那人拉到安全之处。然而，过了一会儿，你看到又有个人被卷走了，也需要帮助。你再次跳进河里，设法将其安全带到岸上。接下来，第三个人出现在河里，你再度施救。就这么没完没了。防止人们溺水主要有两种方法。一种方法是往上游走，一开始就防止人们掉进河里。或者，你可以留在下游，想办法把人们拉到安全地带。同样，对心理健康问题的研究也包括上游方法和下游方法。[1]

---

[1] "上游/下游"的类比要归功于医学社会学家欧文·左拉 [Irving Zola]，见 J.B. 麦金利 [J.B. McKinlay]：《重新聚焦上游的一个案例：疾病的政治经济学》，载《用行为科学研究心血管病风险：美国心脏协会论文集》，1975 年，第 7—17 页。

采取上游方法的研究人员关注心理健康状况欠佳与各种社会问题之间有怎样的关联，这些社会问题包括贫困、住房供给短缺、种族主义、工作条件恶劣、缺乏教育机会、失业。其中一些工作由社区心理专家完成，本章稍后会探讨。

下游工作看待心理健康问题更加以人为中心。在第三章（原文如此。似应为第四章——译者注），我们探讨了研究人员为理解人类心智而创建的主要范式（如心理动力学视角、认知视角、进化视角、人文主义视角）。这些视角也会影响心理学家如何看待心理健康问题及其设计的支持类型。例如，采用生物医学视角的研究人员可能会考察这些问题与大脑结构和功能之间的关联，并尝试开发有效的药物。相比之下，那些对心理动力学方法感兴趣的研究人员更可能去探究某些心理健康问题是否由特定生活经历（如童年遭遇和昔日恋情）所致，并对治疗师与患者深入探讨这些问题的精神疗法青睐有加。

信奉人文主义的专业人员运用各种技术，包括以人为中心的方法，根据这种方法，治疗师认为每位患者都是独一无二的，并注重制定旨在帮助他们健康成长的目标。行为主义方法通常注重改变人们对某些事情及事物的反应。例如，对于患有恐惧症的人，会鼓励他们在经历任何令其感到焦虑之事时进行放松练习。最后，认知方法探究某些心理健康问题是否与人们的想法和信念有关，以及代之以更积极的想法和信念是否有所帮助。例如，假如一个人认为自己的职业生涯永无成功之日，可能就会鼓励他进行自我对话，直面自己的负面想法并将其减至最少。虽然这些视角在理论上彼此迥异，但专业人员往往会加以综合运用。

大量研究试图评估这种帮助的有效性。事实证明，这些研究往往是有争议的，但参与这项工作的许多研究人员认为，一般来说，没有接受任何帮助的个人也会趋于改善，但某些形式的治疗和药剂会令这种改善的机会显著增多、速度大大加快。这项工作还表明，一般来说，如果治疗带来了希望，展现了新的前景，并在患者与治疗师之间建立起同情和信任关系，往往治疗效果最佳。该领域的一些最新工作分析了研究人员、医师、患者的文化和背景会对关键话题产生怎样的影响，这些话题包括对心理健康问题的认知、就医问诊以及给予帮助。

咒语

健康心理学家研究了一系列问题，包括为什么有些人不遵医嘱、疼痛控制效果提升的技术以及改变不健康习惯的方法。

这项工作的部分目的是提升人们与医疗系统交流的质量。例如，约翰·赫里蒂奇[John Heritage]及同事进行的研究旨在鼓励患者在问诊结束时提及其他健康问题。在日常会话中,"什么 [any]"一词经常出现在否定语境中("我没什么钱"),而"一些 [some]"一词则更为肯定("我有一些钱")。研究人员想知道这种语言上的怪癖是否可以在医学领域派上用场。研究期间,他们请一些医生结束诊疗时问"今天你还想说说其他什么情况吗",另一些医生则问"今天你还想说说其他一些情况吗",不出所料,后一组患者更可能提及其他病情。

戴恒晨 [Hengchen Dai] 及同事最近做了类似工作,对提醒短信措辞的细微变化是否会鼓励人们接种疫苗进行了研究。在一项研究中,研究人员通过短信联系了美国医疗系统里逾9万人,他们有的收到的是常规提醒,有的所收到的信息里加了句"索取你的那份吧"来激发主人翁意识。这一措辞上的细微变化产生了相当大的影响,前来预约的人数增加了。这种效应没有受到参与者种族或年龄的明显影响,但需要进一步研究,以检验这样发送信息在其他环境和文化中是否同样奏效。

出处:J. 赫里蒂奇、J.D. 罗宾逊 [J.D. Robinson],M.N. 埃利奥特 [M.N. Elliott],M. 贝克特 [M. Beckett],M. 威尔克斯 [M. Wilkes]:《让患者关切在初级医疗中少遭冷落:一词之差,结果迥异》,载《普通内科杂志》,2007年第22(10)期,第1429—1433页;戴恒晨、S. 萨卡多 [S. Saccardo]、M.A. 韩 [M.A. Han] 等:《行为学助推手段增加新冠肺炎疫苗接种量》,载《自然》,2021年第597期,第404—409页。

齐心协力

社区心理学研究一系列社会因素如何对人们的福祉产生负面影响,并往往致力于制定多层次的干预措施,帮助解决这些问题。该方法包含几个关键原则,包括重视多样性和生活经验,鼓励公民积极参与,定量与定性研究方法并用,为团体和社区赋能。

在这项工作的一个早期例子中,美国心理学家乔治·费尔韦瑟 [George Fairweather] 采用的方法以社区为基础,来帮助那些在精神病院度过一段时间后依然苦苦挣扎的患者。[1] 这项工作始于 20 世纪 60 年代,涉及一个共同创造的空间,在这个空间中,人人共担责任,互相帮助,并形成一个有益的社区。该系统通过与担任顾问

---

[1] G.W. 费尔韦瑟、D.H. 桑德斯 [D.H. Sanders]、H. 梅纳德 [H. Maynard]、D.L. 克莱斯勒 [D.L. Cressler]:《精神患者的社区生活:机构护理的替代方案》,纽约:阿尔丁出版社,1969 年。

的工作人员联合决策进行管理。

在最近一个例子中,萨利·兹洛托维茨及同事处理了市中心贫民住宅区一起严重的青年暴力事件。[1]年轻人参与暴力活动通常涉及多种因素,包括心理健康问题、就业机会欠缺及社会支持匮乏。在这个项目中,研究人员、医师和年轻人合作组织了音乐主题活动(如打碟),以帮助建立人际关系并便于就这些问题进行讨论。一次,他们举办了一场专题研讨会,内容是如何在音乐产业取得成功,并借此机会分析了自信的作用,以及避免吸毒和建立良好人际关系的益处。该项目的其他内容包括与年轻人合作,确定关键需求,然后帮助他们获得相关支持。这项工作解决了几个问题,包括福利申请和就

---

[1] 萨·兹洛托维茨、C. 巴克 [C. Barker]、O. 莫洛尼 [O. Moloney]、C. 霍华德 [C. Howard]:《服务用户是服务变革的关键?为受到排斥的年轻人制定创新干预措施》,载《儿童和青少年心理健康》2016 年第 21(2)期,第 102—108 页。

业，并侧重支持青年主导的项目，帮助解决对遭受边缘化的青年造成影响的社区问题和社会问题。该项目的评估方法是采访相关人员，然后在这些讨论中寻找关键主题。这种定性方法揭示了六个重要主题，包括与医师建立信任关系有助于沟通、共同举办音乐主题活动比传统形式的干预能够激发更良性的互动等见解。此后，其他几个社区也采用了这种方法。

该领域的其他工作包括评估法律和社会政策对社区的作用。例如，在一项研究中，莱纳德·詹森调查了新的禁烟令对芝加哥城郊一个社区的影响。[1] 这些规定意在限制向未成年人销售香烟，涉案商贩因非法售烟将被课以巨额罚款。收集了一年半的观察数据后，詹森和同事发现，新法令以及警方为确保遵法守法而每季度进行的检查，大大

---

[1] L.A. 詹森、O. 格兰茨曼 [O. Glantsman]、J. 奥布赖恩 [J. O'Brien]、K. 拉米安 [K. Ramian]：《社区心理学导论：成为变革的力量》（2019 年），https://press.rebus.community/introductiontocommunitypsychology/。

减少了向未成年人出售香烟的数量。此外，一项对一所初中学生的调查显示，经常吸烟的人数减少了50%以上。

社区心理学认识到个人与社会的相互联系，并提出了生态导向的理论和解决方案。这种方法有助于制定和评估创新、积极、包容而有效的干预措施。

了解读写障碍

读写障碍的特征通常是识别单词、拼写、写作以及遣词造句等方面存在困难。毋庸置疑，它还往往与更强大的创造力以及更发达的横向思维相关。该领域的一些定性研究探索了读写障碍患者的生活经历。例如，在一项研究中，洛伊丝·麦克卡拉及同事考察了患有读写障碍的学生大学期间的学习经历。

这项研究由一位读写障碍研究人员和其他

专家进行，包括就各种与学习相关的话题采访读写障碍学生及读写正常学生。一些关键主题浮现出来。例如，有些患有读写障碍的学生觉得，边听老师讲课边做笔记特别困难，他们经常提起授课教师录下其讲话的重要性，这样他们就能聆听现场授课，然后根据录音做笔记。他们还述及创建更直观的笔记，包括那些画有示意图、图片和图表的笔记。有意思的是，与这些做法相关的额外努力似乎促进了更深度的参与和更深入的学习。采访的另一部分，读写障碍学生就考试加时的弊端提出了批评，他们指出，假如考试一开始就让他们感到厌倦，这种调整就没有特别大的帮助。

这项研究详细描述了参与者的生活经历，并得出了可以改善生活的有用见解。这是定性研究常有的情况。

> 出处：L. 麦克拉格，A. 鲍桑葵 [A. Bosanquet]，N.A. 巴德科克 [N.A. Badcock]：《读写障碍大学生：对学习实践、挑战与策略的探索性定性研究》，载《读写障碍》2017 年第 23（1）期，第 3—23 页。

对付偏见

大量研究剖析了偏见心理与歧视心理。其中一项重要研究对种族主义与健康之间的关系进行了考察。[1] 在美

---

[1] Y. 帕拉迪斯 [Y. Paradies]、J. 本 [J. Ben]、N. 登森 [N. Denson] 等：《种族主义是健康的决定因素：系统综述与荟萃分析》，载《公共科学图书馆·综合》2015 年第 10（9）期，e0138511。

国，几项调查结果表明，遭受种族歧视的压力与免疫系统功能下降及身体健康不佳有关。大量实验室工作证实了这些发现。例如，在一系列研究中，朱尔斯·P.哈雷尔及同事监测了非裔美国人参与者想象种族歧视事件或观看表现种族主义的影片时的生理状况。[1] 参与者出现心血管活动加剧和血压升高现象，这两者都与长期不良健康状况密切相关。相关研究表明，遭受种族歧视还与对健康产生负面影响的行为密切相关，包括吸烟、酒精摄入和睡眠不足带来的不断增加的风险。还有研究表明，这些后果因一医难求和治疗不力而加剧。[2]

---

[1] J.P. 哈雷尔、S. 霍尔 [S. Hall]、J. 托利弗 [J. Taliaferro]：《对种族主义和歧视的生理反应：证据评估》，载《美国公共卫生杂志》2003年第93期，第243—248页。

[2] 参见 M. 西姆斯 [M. Sims]、A.V. 迪兹—鲁 [A.V. Diez-Roux]、S.Y. 格布里 [S.Y. Gebrea] 等：《杰克逊心脏研究项目中非裔美国人的歧视知觉与健康行为有关》，载《流行病学与公共卫生杂志》2016年第70（2）期，第187—194页。

在心理健康方面也出现了类似状况，多项调查表明，遭受种族歧视与多种心理健康问题的风险增大相关，包括抑郁、焦虑和创伤后应激障碍。该领域最近一些工作分析了不同人群中种族主义与心理健康之间的关系。例如，布里安娜·布朗洛 [Briana Brownlow] 及同事评估了一些研究，这些研究考察了非裔美国男性和女性如何采取不同的应对策略来对付种族歧视，以及这些差异如何影响他们的心理健康。[1] 例如，这项评估表明，虽然男性和女性都采取了一些应对策略（如情绪化进食），但女性比男性更常用其他应对策略（如求助于宗教和寻求社会支持）。

---

[1] B.N. 布朗洛、E.E. 苏索、R.N. 朗 [R.N. Long]、L.S. 霍格德 [L.S. Hoggard]、T.I. 伯福德 [T.I. Burford]、L.K. 希尔 [L.K. Hill]：《美国黑人中种族歧视对心理健康影响的性别差异》，载《当代精神病学报告》2019 年第 21（11）期，第 112 页。

偏见心理学的其他工作旨在制定干预措施，减少学校、工作场所和社区中的歧视。其中一些工作涉及制定有效的培训计划，注意到隐性偏见的存在，以及塑造媒体信息。研究最多的领域之一是探索是否有可能通过促进不同群体成员之间的接触来减少学校中的歧视。例如，埃利奥特·阿伦森 [Elliot Aronson] 推出了一种称为"拼图法"的合作学习形式。第一步是将所学内容划分为若干小片段。然后将班级分成不同小组，每个小组的每个成员都要学习其中一个片段。接下来，对同一片段进行研究的学生聚在一起讨论其工作。然后，每个人都回到原来的小组，每个学生向小组成员解释他们所学的内容。最后，对所有学生学到的全部片段进行测试。另一种方法是鼓励孩子们通过探究共同的兴趣和爱好，与来自不同文化和种族背景的同学交朋友。研究表明，这些做法有助于减少儿童对彼此的刻板印象，并且这些积极影响会一直持续到成年[1]。

> **新冠病毒感染后遗症**
>
> 凯特里奥娜·卡兰[Caitriona Callan]及同事最近进行了一项大规模的定性研究,探讨了新冠病毒感染后遗症患者的生活经历。这项在英国进行的研究得到了新冠病毒感染后遗症患者的帮助,涉及对50名参与者的采访,这些参与者覆盖不同年龄、种族和社会背景。采访显示,参与者罹患各种心理问题,包括决策不

---

[1] M. 汉泽 [M. Hänze]、R. 博格 [R. Berger]:《合作学习、激励效应、学生特点:十二年级物理课合作学习与直接教学对比的实验研究》,载《学习与教学》2007年第17期,第29—41页;L.R. 特罗普 [L.R. Tropp]、M.A. 普雷诺夫斯特 [M.A. Prenovost]:《群体间接触在预测儿童种族间态度中的作用:荟萃分析与现场研究的证据》,载 S.R. 利维 [S.R. Levy]、M. 基伦 [M. Killen] 编:《从童年到成年的群体间态度与关系》,第236—248页,伦敦:牛津大学出版社,2008年。

力、记忆混乱和注意力不集中。这些因素,再加上身体疲劳,对参与者个人生活和职业生涯的方方面面都产生了深远的负面影响,包括他们的人际关系、工作和自我认同。此外,求医问诊对他们来说往往困难重重,因为求医问诊所需的心理技能是他们现在所不具备的。参与者还声称,假如医护人员对新冠病毒感染后遗症的影响不当回事,就会让他们感到又沮丧又恼火;而其症状得到承认时,他们声称感到宽慰。这项工作有助于建设对于新冠病毒感染后遗症患者来说更便利的诊疗体系,并鼓励一些医师更好地帮助这些患者。

出处:凯·卡兰、E. 拉兹、L. 侯赛因 [L. Husain]、K. 帕廷森 [K. Pattinson]、T. 格林哈希 [T.

Greenhalgh]:《"我对付不了多端输入":对患新冠肺炎后"脑雾"生活经历的定性研究》,载《英国医学杂志开放获取版》[*BMJ Open*],2022年第12(2)期,https://bmjopen.bmj.com/content/12/2/e056366。

找回自我

严重脑部损伤或创伤会导致神经系统疾病,称为无反应觉醒综合征(简称UWS)。那些被诊断出患有该综合征的人对自己或周围环境毫无知觉。有时,他们会睁开眼睛,或者微笑、打哈欠。虽然这些动作会让人觉得这些人是有意识的,但这些动作并不在其自主控制之下,更类似于本能反应。准确诊断UWS颇具挑战性。一个人可能是有意识的，但无法控制自己的动作，因此无法与外界沟通。如果是这样的话，他们就有被误诊为UWS的风险，而其实他们是有自我意识的，只是被闭锁在躯体内。因此，研究人员和医师经常讨论如何准确区分这两种不同状况。阿德里安·欧文及同事对此问题进行了开拓性研究。

与本书提到的许多研究人员不同，我认识阿德里安本人。我们最初是在读心理学本科时邂逅的，我们合租一间公寓，甚至一起登台表演魔术。阿德里安职业生涯的大部分时间都在研究一种称为功能性磁共振成像（简称fMRI）的技术，该技术是在人们进行各种思维活动时，放置一个穿透其脑部的强大（但无害的）磁场。由此产生的数据可以让研究人员侦测大脑血流的变化，从而辨识大脑哪些部分在思维活动期间显得特别活跃。

20世纪90年代末，阿德里安和同事使用一种类似（但不那么复杂）的扫描技术来研究人们看到自己相识的面孔时，大脑哪些部分变得特别活跃。有一次，他们对一名患有UWS的年轻女性进行扫描，发现当向她展示一张熟悉的面孔时，其大脑中与面部识别相关的区域变得活跃起来。因此，他们怀疑她可能有意识，但遭到闭锁。事实证明他们的结论是正确的。这位女性的康复治疗效果良好，若干年后，她对团队的出色工作表示了感谢。

2006年，阿德里安安排另一名UWS患者接受fMRI扫描仪检查，并让她做些事情：想象打网球，考虑穿过自家房子。健康人士想象打网球时，他们大脑顶部的一个区域（称为前运动皮层）会变得特别活跃；而考虑穿过自家房子时，活动更集中于大脑中部的一个区域（称为海马旁回）。该患者表现出相同类型的大脑激活模式，因此研究小组怀疑她可能有意识但遭到闭锁。阿德里安随后对大约50名确诊为UWS的患者重复了这一过程，并认为大约五分之一的患者似乎有意识但遭闭锁。受这些发现的鼓舞，他甚至运用这项技术让另一位患者回答了生活方面的六个问题。每提出一个问题，如果答案是"是"，就请患者想象打网球；用考虑穿过自家房子来表示"否"。问题都很简单，如他父亲的名字。六个问题中，患者答对了五个。

每年，世界各地有数千人被诊断为UWS，这项技术为识别那些闭锁症患者提供了机会。它还有可能帮助洞悉人们在其他方面隐秘的经历，从而对关于意识、自我意识和身份特征的辩论有所裨益。下一阶段的工作旨在研发以脑电波为基础的做法，更便于临床医生和家庭成员使用。假如能做到这一点，就有可能充实疼痛管理和康复对策之类的疗法。这项技术带来了几个引人入胜的道德问题，但也展示了心理学和神经科学如何帮助改善生活。

积极心理学

积极心理学家研究的是什么令生活有意义。这一观念在心理学领域有着悠久的历史（包括人本主义心理学家亚伯拉罕·马斯洛和卡尔·罗杰斯的工作），而到了20世纪90年代变得特别流行，当时，马丁·塞利格曼 [Martin Seligman] 和米哈里·契克森米哈莱 [Mihaly Csikszentmihalyi] 等研究人员认为，心理学对疾病的关注过了头，他们强调，这门学科需要摒弃这种做法。

这项工作的一个重要方面就是确定幸福的基础是由哪些因素构成的。就拿对感恩心理的研究来说吧，设想你喜欢新鲜研磨咖啡的味道，因此爱逛当地的咖啡馆。不过，你可能会注意到，假如你在咖啡馆待了一阵子，你就会习惯这种气味，不再注意到它。这种"习惯化"效应是由于你的感知系统倾向于对变化做出反应。要再次体验咖啡的味道，你就得离开咖啡馆，等上一会儿，然后再回来。这个同样的观念也适用于我们生活的许多方面。无论什么，只要令我们快乐（比如我们的朋友、家人、健康），我们往往就会习以为常，过不了多久，也就不再留意。罗伯特·埃蒙斯 [Robert Emmons] 和迈克尔·麦卡洛 [Michael McCullough] 想知道是否有可能通过鼓励人们记住并珍视这些要素来增加人们的幸福感。[1] 在他们的一项研究中，一组参与者要每周花些时间草草记下他们生活中一些值得感激之事，第二组必须描述令其烦恼之事，最后一组写下一周来发生之事。在整个研究过程中，参与者要对他们的快乐和健康程度进行评分。不出所料，表达感激之情的那些人会想起生活中的美好事物，并声称他们更幸福、身体更健康。

另一方面，积极心理学可以帮助人们识别其"标志

---

1 R.A. 埃蒙斯 [R.A. Emmons]、M.E. 麦卡洛 [M.E. McCullough]:《当成福分还是视为负担：日常生活中感恩与主观幸福感的实验研究》，载《个性与社会心理学杂志》2003 年第 84 期，第 377—389 页。

性优势"（对他们来说至关重要的积极的个人特征），并鼓励他们找到利用这些特征的新方法。这项研究大多要求参与者填写"优势行动价值问卷"（这份问卷旨在辨识关键优势，如创造力、好奇心、勇气、诚实、友善等），然后找到将这些特征融入个人生活和职业生涯的新方法。这项工作涉及来自多个国家的不同人群，并表明干预会带来一些好处，包括提升幸福感、提高工作满意度、改善人际关系和减少抑郁风险。[1]

还有的积极心理学研究分析了奠定有意义生活基础的一些因素，包括具有使命感、帮助他人和为更大利益作贡献。例如，艾米·沃泽斯涅夫斯基 [Amy Wrzesniewski] 及同事开展的工作探索了在工作场所提升

---

[1] 对这项工作的综述，见 C. 彼得森 [C. Peterson]、M. 塞利格曼：《性格优势与美德：指南和分类》，牛津：牛津大学出版社，2004 年。又见 F. 甘德 [F. Gander]、R.T. 普鲁耶 [R.T. Proyer]、W. 鲁赫 [W. Ruch]、T. 维斯 [T. Wyss]：《扬长式积极干预：其可能增进福祉的更多证据》，载《幸福学杂志》2013 年第 14 期，第 1241—1259 页。

意义的效果。在其中一些研究中,研究人员请人们思考自己的职业如何令他人受益。[1]例如,老师可能会考虑如何改善学生生活,火车司机可能会考虑如何帮助旅客与亲朋好友共度宝贵时光。这个简单的练习显著改善了参与者对意义的认知,并提升了他们的生活满意度。相关工作分析了善待他人有何影响。例如,索尼娅·柳博米尔斯基 [Sonja Lyubomirsky] 和同事的研究表明,每周些许小小善举(如向无家可归者施舍、献血或帮助邻居)能显著提升幸福感。[2]

最近,一些研究人员指出,"心理富足"这一概念

---

[1] 对这项工作的综述,见艾·沃泽斯涅夫斯基、N. 洛布格里奥 [N. LoBuglio]、J.E. 达顿 [J.E. Dutton]、J.M. 伯格 [J.M. Berg]:《职业塑造并培养工作中的积极意义和认同感》,载 A.B. 巴克尔 [A.B. Bakker] 编:《积极组织心理学研究进展》第一卷,第 281—302 页,英国宾利:爱墨瑞得出版社,2013 年。

[2] 索·柳博米尔斯基、K.M. 谢尔顿 [K.M. Sheldon]、D. 施卡德 [D. Schkade]:《追求幸福:构建可持续变革》,载《普通心理学评论》2005 年第 9 期,第 111—131 页。

可能对生活满意度也至关重要。这项研究强调了寻求新奇、好奇心和经历所起的重要作用，这些都会改变一个人对自己或对世界的看法。例如，在一项研究中，大石茂弘 [Shigehiro Oishi] 及同事请中国和美国学生在日记里记录自己的经历，并对其生活的心理富足感进行评估。[1] 结果表明，短途旅行和出国留学都是增进富足感的特别有效的方法。有意思的是，这两种经历并不总是与幸福或有意义的生活相关联。

在理解什么令生活有意义方面，积极心理学取得重大进展。然而，同心理学任何领域一样，它也接受了严格的审查。例如，一些研究人员对某些研究提出了方法论上的担忧，还有人则认为该领域往往低估了社会因素

---

[1] 大石茂弘、H.P. 崔 [H.P. Choi]、A. 刘 [A. Liu]、J.L. 库尔茨 [J.L. Kurtz]：《与心理富足感相关的经历》，载《欧洲人格心理学杂志》2020 年第 35 期，第 754—770 页。

在决定幸福感方面所起的作用。[1] 此外,这项工作大部分是在美国进行的,针对的是学生群体。不过,研究人员如今已经开始探究这项工作能在多大程度上推广到其他文化和群体,并在这一更加多元化的背景下提出理论和干预措施。[2]

可持续性

正如我们在第一章里所揭示的那样,我们的信念和行动往往是偏差与一厢情愿所致。涉及气候变化,这些因素可能会导致人们低估问题的严重性,自以为能避免

---

1 对积极心理学的常见批评观点,见 B. 艾伦瑞克 [B. Ehrenreich]:《凡事要看光明面:正向思考如何削弱美国》,纽约:斗牛士出版社。
2 对这项工作的综述,见丛书"积极心理学的跨文化进展"(丛书主编:A. 德勒·法夫 [A. Delle Fave],施普林格出版社出版)。

潜在的危害，并证明自己有理由不采取任何措施来帮助缓解问题。因此，仅仅告诉人们有关气候变化的事实，往往并不会带来显著的行为转变。幸运的是，心理学家已经想出更有效的方法来帮助人们和机构认识到问题的严重性，并接受可持续性。[1]

一种方法是将必须的变革视为机遇而非损失[2]。例如，强调步行对健康大有裨益，会有助于少开汽车；指出植物基膳食与降低罹患某些癌症风险相关，会鼓励人们少摄入红肉。

还有的工作所依据的观念是人们通常遵守群体规

---

[1] 评论见 S. 范·德·林登 [S. van der Linden]、E. 梅巴克 [E. Maibach]、A. 莱斯洛维茨 [A. Leiserowitz]：《改善公众参与应对气候变化：心理学提出五个"最佳做法"见解》，载《心理科学展望》2015 年第 10（6）期，第 758—763 页。

[2] P. 贝恩 [P. Bain]、T. 弥尔方特 [T. Milfont]、加岛义久 [Y. Kashima] 等：《应对气候变化协同效应可以激励全世界行动》，载《自然气候变化》2016 年第 6 期，第 154—157 页。

范。在一项研究中,诺亚·戈德斯坦[Noah Goldstein]及同事利用这种方法鼓励宾馆住客重复使用浴巾。[1]研究人员将两种标志分别放在近两百个酒店房间里。一种标志包含常规环保信息(如"助力拯救环境"),另一种标志则指出,许多住客正在重复使用浴巾(如"和其他住客一起助力拯救环境")。后一种标志导致浴巾重复使用率显著提高。将可持续行为确立为规范和可取之举,可能会在促使人们采用这些做法方面发挥关键作用。

研究表明,人们关注的威胁是个人的、相关的和具体的,这些研究成为另一种方法的依据。例如,在黛博拉·斯莫尔[Deborah Small]及同事进行的一项实验中,研究人员向一些参与者展示了有关儿童贫困的统计数据,而向其他参与者讲述了一个故事,故事说的只是一

---

[1] N.J. 戈德斯坦、R.B. 西奥迪尼[R.B. Cialdini]、V. 格里斯克维西斯[V. Griskevicius]:《有观点的房间:酒店利用社会规范促进环境保护》,载《消费者研究杂志》2008年第35(3)期,第472—482页。

个小女孩的悲惨遭遇。[1]接下来，参与者有机会向一家消除儿童贫困的慈善机构捐款，那些看过小女孩故事的参与者所捐助款额明显高于那些看过统计信息的参与者。媒体经常运用有关热带雨林减少及冰川消融的统计资料和图表来阐明气候变化，让气候变化的影响更具体、更本土化、更个人化，这种方法可能效果更佳。

最后，关于气候变化的许多媒体信息都建立在恐惧的基础上，涉及最糟糕的情景和对未来的末日般预言。这种方法会带来风险：让人们心生防备、灰心丧气、听天由命。一些研究人员已经开始通过探索其他形式的预言来解决这个问题。例如，克里斯·斯科卡及同事测试

---

[1] D.A. 斯莫尔、G. 洛文斯坦 [G. Loewenstein]、P. 斯洛维克 [P. Slovic]：《同情与冷漠：深思熟虑对捐赠给可识别受害者还是统计数据里的受害者产生的影响》，载《组织行为与人类决策过程》2007 年第 102 期，第 143—153 页。

了一种更为幽默型的方法。[1] 研究人员与来自"第二城市"芝加哥的专业喜剧演员合作制作了三个视频，视频里，一位天气预报主持人讲述了有关气候变化的信息。在第一段视频中，素材呈现方式严肃而阴郁（恐惧型）；第二段视频中，主持人看上去不够称职，无法解释这些变化（幽默型）；而在第三段视频中，呈现方式更为直接确凿（信息型）。年轻人观看了其中一段视频，然后完成了几个关于他们对气候变化想法的问卷调查。事实证明，促使年轻参与者（18岁至25岁）从事与气候相关的个人行动和政治行动，幽默型方式特别有效；而恐惧型预言往往会强化所有年龄段对气候变化相关风险的认识。尽管许多关于气候变化的商业广告和公益广告都是恐惧型

---

[1] 克·斯科卡、J. 涅德尔德佩 [J. Niederdeppe]、R. 罗梅罗—坎亚斯 [R. Romero-Canyas]、D. 阿卡普 [D. Acup]：《感性呼吁的影响途径：利用恐惧或幽默推动事关气候变化的计划及风险认知的益处和权衡》，载《传播学刊》2018年第68（1）期，第169—193页。

的，但这些发现表明，多点轻松逗趣的发布也可能起到一定的作用。

气候变化是人类面临的最紧迫的问题之一，众多心理学家正在解决这一问题。对风险认知感兴趣的研究人员研究如何更好地帮助公众对挑战形成切实可行的认识；研究行为改变的专业人士正在制定干预措施，鼓励人们改变生活方式；传播学专家助力改进媒体信息发布和公众信息宣传；组织心理学家帮助企业改变经营方式；政治心理学家帮助确立公共政策和政治叙事。这是一个复杂的问题，但在创造更光明、更可持续的未来方面，心理学发挥着重要作用。

心理学为什么重要：创造更美好的世界

在本章中，我们看到了心理学如何帮助改善个人生活、改变社会，包括探究心理健康问题、建立更强大的社区、减少偏见、促进身体健康、增进幸福感和鼓励可持续发展等工作。这些例子只是冰山一角。还有其他工作，组织心理学家帮助提高工作场所的生产力和幸福感，司法心理学家帮助改善司法制度、减少再次犯罪，教育心理学家帮助促进学习、促进成长，体育心理学家帮助加强体育活动、提高运动成绩，交通心理学家帮助减少交通事故，不一而足。总之，这项工作关乎千千万万人的生活，并助力创造更美好的世界。

结　语

正如我在行程伊始所言，我并不认为所有的心理学都重要。有些研究并未引起任何人的兴趣，还有的工作对个人和社会产生了负面影响。不管怎样，在我们相处的时光里，我们将注意力集中在最佳状态的心理学，并揭示了该学科至关重要的五个方面。最后这一章，我们将探讨为什么心理学现在特别切合实际，并分析如何促进未来更有意义的研究。

我们在第一章一开始就探究了心理学家如何对人们的思维、感觉和行为方式产生有趣、出人意料且有悖直觉的见解。该章所描述的工作往往源自好奇心和审视其他研究人员所忽视领域的开放心态。例如,促成约翰·达利和比伯·拉塔纳对人们为何经常不去帮助别人进行研究的,是媒体报道的一桩事件,事件中,有几个人得知一名妇女遭到袭击,却未伸出援手。[1]同样,托尼·康奈尔观察类似幽灵现象的早期研究受到了他毕生迷恋超自然现象的驱使。整个心理学史上的几大重要发现,这种好奇心和开放心态都发挥了关键作用。例如,知觉心理学家理查德·格雷戈里 [Richard Gregory] 及其团队曾在当地咖啡馆外发现由瓷砖形成的视错觉,随后对这种错觉的研究提供了有关视觉系统的有趣见解。詹姆斯·莱尔德 [James Laird] 曾经注意到,当他勉强自己脸上露出笑容时,会感到更快乐,这使他对行为如何影响情

---

[1] 尽管存在旁观者效应,但媒体报道目击者听闻袭击的准确性受到质疑,见 R. 曼宁 [R. Manning]、M. 莱文 [M. Levine]、A. 科林斯 [A. Collins]:《基蒂·吉诺维斯遇害案与帮助的社会心理学:38 位目击者寓言》,载《美国心理学家》2007 年第 62(6)期,第 555—562 页。

绪进行了开创性研究。同样，社会心理学家所罗门·阿什 [Solomon Asch] 对群体压力影响感知的研究可能受到童年经历的驱使。八岁那年，阿什参加了一场宗教仪式，仪式上，他的祖母倒了一杯葡萄酒，然后暗示先知以利亚会抿一小口。由于这么一说，阿什认为他看到葡萄酒的水平线下降了。为充分把握这种突破性进展的机会，心理学家应该敢于走出实验室，找寻出人意料和有悖直觉的现象，提出不同寻常的问题，研究人人忽视的话题，培养对自己、对他人的好奇心和开放心态。

第二章，我们接着研究了心理学家如何开发出独家方法论装备，以及对这些技术的了解怎样促成批判性思维。这项工作的两个方面在本书通篇经常出现，两者看来都将在未来发挥重要作用。首先，为了提高研究质量，鼓励心理学家在进行某项研究前概述其方法（这一流程称为预先备案），并重复验证彼此的研究。其次，心理学越来越意识到需要让更多形形色色的研究人员和参与者加入，还要更加重视文化的重要性。这两方面的工作都至关重要，将有助于确保心理学在未来为更多的人带来裨益。

第三章探讨了研究人员如何揭穿心理方面的神话，并分析了人们为什么会产生此类信念（包括社交媒体、自我认同和归属感所起的作用）。最近，相信阴谋论和假新闻的现象剧增，使得这项工作比以往任何时候都更切合实际，也更重要。这一领域的未来研究可能涉及在广阔的现实世界背景下识别流行的心智神话，包括陪审团裁决、工作面试、约会、人格测试、教育、养育、心理健康和医学。此外，这项工作还可以检验这些想法对人们生活会造成多大影响，以及如何鼓励人们采用更注重证据的方法将事实与虚构区分开来。

第四章分析了心理学如何帮助充实并解决重大争论。这项工作与当今众多事务关系特别密切。眼下，政治观点变得更为极端，分歧更大；气候变化凸显了可持续的生活方式不可或缺；社会正义运动暴露了系统性不平等；而新冠病毒感染大流行引发了不确定性和变动感。心理学有望为这些领域乃至更多领域作出重要贡献。这项工作的某些方面可能充满挑战性。在职业生涯的大部分时间里，我对可能存在的超自然现象进行了有争议的研究。这项研究经常会质疑人们的宝贵信念和经历，并导致了数起旷日持久的纠纷。因此，我能理解为什么一些研究人员希望避免这种对抗。然而，鼓励具有相关专业知识的心理学家参与重要的辩论和争论是至关重要的。

相关性报告

按照惯例，学术论文包含研究人员解释其工作背景、概述其方法和结论以及讨论其发现等内容。虽然可以在此结构中探讨研究的相关性，但这并非硬性规定。为帮助解决这个问题，有些期刊增添了一个附加章节（有时称为"公共利益声明"），明确要求作者思考其工作为什么重要。所有心理学文章都可以加入这一章节，可以鼓励作者思考几个关键问题，如他们为什么要研究某个主题，这项工作本身是否令人关注或有悖直觉，以及它是否让世界变得更美好。

最后一章集中讨论心理学如何丰富生活、改善社会。鉴于众多领域日益需要变革，这项工作尤为重要，包括为有心理健康问题的人提供帮助，促进身体健康，降低失业率，促进公平正义，确保可持续发展，建设强大的社区。显然，这一领域的未来工作将得益于研究人员对现实世界问题的探索并制定有效解决方案。心理学家从自身生活经历中汲取信息时，这种方法通常特别有效。例如，20世纪40年代，美国非洲裔心理学家马米 [Mamie] 和肯尼斯·克拉克 [Kenneth Clark] 对非洲裔美国儿童的自我价值感进行了调查，他们的工作对判定公立学校种族隔离政策违反宪法大有助益。[1] 最近，葛丽泰·德菲特描述了对贫困的亲身体验怎样促使她研究粮食短缺，包括调查"假期饥饿"在教育方面对学习损耗的影响，以及学校早餐店何以会提高儿童的学习成绩。[2]

最后还有一个想法。心理学可塑性很强，因此有可能让研究人员研究他们自己感兴趣的话题。正如我在本书开头所解释的，我痴迷魔术由来已久，在职业生涯中，探究了魔法和幻觉的科学。同样，我的同事彼得·洛瓦特曾经是专业舞蹈演员，现在研究舞蹈心

---

[1] R. 克鲁格 [R. Kluger]：《简单正义：布朗诉教育委员会与美国黑人争取平等斗争始末》，纽约：兰登书屋，1975年。
[2] J. 萨顿 [J. Sutton]、葛·德菲特：《我是他们中的一员》，载《心理学家》2021年第34期，第38—42页。

理学。再如，著名心理学家伊丽莎白·洛夫特斯之所以对目击证言感兴趣，在某种程度上是因为她酷爱犯罪小说和庭审剧。只要稍有想象力，同样的方法就可以用于探究几乎任何领域。例如，乐迷可以分析聆听即兴演奏的爵士乐是否会让人更具创造力，对室内设计感兴趣的人可以探究为什么某些颜色组合特别赏心悦目，时尚爱好者可以研究衣着穿戴如何影响自我认同。根据我的经验，采用这种方法的心理学家往往工作起来满怀激情、富于洞见，更有可能带来有价值的研究。

我们的旅程行将结束，我希望你乐于知晓为什么我认为心理学很重要。在我们相处的时光里，我们探索了心理学家如何揭示关于心智的重要见解，质疑大众神话，帮助解决重要争论，改变人们的生活，改善社会。我们还邂逅了这些领域内开展的众多研究示例，这些示例激动人心、意味深长，包括心理学如何帮助那些有心理健康问题的人，增进幸福感，充分发挥儿童学习潜力，促进可持续发展，减少偏见。心理学仍然是一门相对年轻的学科，而这些研究成果只是冰山一角。要发现的东西还有很多，我相信未来充满光明。临别之际，我希望你继续颂扬心理学的重要性，并为你自己揭示出更为不同凡响的见解——整个宇宙之中，数你最令人惊叹、复杂难懂、别扭古怪、激动人心、富于创新、令人沮丧而又美妙绝伦。

延伸阅读

引 言

Slater, L. (2005). *Opening Skinner's Box: Great Psychological Experiments of the Twentieth Century.* London: Bloomsbury.

对心理学一些著名实验,包括米尔格兰姆的服从研究和针对虚假记忆的工作,有着不同寻常且引人入胜的看法。

Wiseman, R. (2007). *Quirkology.* London: Pan.

列出我自己的作品,望见谅。不过这本书涵盖了我对撒谎、魔术和幽默的部分研究,倘若你对我的作品感兴趣的话,不妨一读。

Flanagan, C., Jarvis, M., & Liddle, R. (2020). *AQA Psychology for A Level Year 1 & AS Student Book.* High Wycombe, UK: Illuminate Publishing.

一本很棒的入门教材，介绍了心理学的重大主题和重要研究。

Myers, D., & Dewall, C.N. (2019). *Exploring Psychology* (11th ed.). New York: Worth Publishers.

另一部精彩而翔实的心理学各领域入门教材。

Banyard, P. (2022). *Controversy and Psychology*. London: Routledge.

对心理学某些较为负面的内容进行了重要探讨，包括与种族主义、归类、战争、说服相关的工作。

Sutton, J. (Ed.). *The Psychologist*. The British Psychological Society.

重要月刊,就广泛的心理学话题提供最新研究报告、访谈和论辩。

第一章 你的大脑究竟如何运作?

Simons, D. & Chabris, C. (2010). *The Invisible Gorilla*. London: Crown.

出品该书的团队曾经制作了病毒式传播的精彩篮球视频;该书概述了直觉如何在多种不同场合下将我们带入歧途。

Kahneman, D. (2011). *Thinking, Fast and Slow*. New York: Farrar, Straus and Giroux.

就我们如何思考、我们的偏差如何影响重大决策与判断进行了精彩而有影响的探析。